巨匠たちの住宅　20世紀住空間の冒険　淵上正幸

Masterpieces of Residential Architecture
Adventures in
20th Century Living Spaces

Masayuki Fuchigami

Masterpieces of Residential Architecture Adventures in 20th Century Living Spaces

Masayuki Fuchigami

青土社

巨匠たちの住宅

20世紀住空間の冒険

まえがき

二〇世紀文化は今を生きる私たちにとって、現代文化の基底を構築した礎となっている。現代世界の建築文化をマクロな視点から見ると、同時代に活躍したル・コルビュジエやミース・ファン・デル・ローエなどが創作したアーバン・コンセプトが、現代都市に少なからず影を落としている。

都市という巨大スケールに限らず、ごく普通の建築ジャンルにおいても、彼らの建築思想は普遍的に展開されてきた。曰くル・コルビュジエの「近代建築の五原則」、ミース・ファン・デル・ローエの「ユニヴァーサル・スペース」、ルイス・カーンの「サーヴド・スペース&サーヴァント・スペース」、アドルフ・ロースの「ラウムプラン」など。それをさらにスケール・ダウンして、住宅という人間にとって非常に身近な空間に移すとどうなるか。

建築の世界には「建築設計は住宅に始まって住宅に終わる」というアフォリズムがある。住宅は身近にたくさんあり、建物自体も小さいし建設するチャンスも多いので設計しやすそうだと考えるひともいるかもしれない。ところがそうは問屋が卸さない。美術館やオフィスのように機能が比較的明確な建築と違って、住宅には数多くの機能がひしめいているからだ。

人間がそこで生まれ成長し、巣立っていく空間である。人間が三六五日の時間の中で行動していく空間である。多種多様で複雑な行為を包含するという意味で、人間を育む空間は容易ならざる器である。しばしば巨匠建築家が、晩年に住宅を設計する。これは時間的余裕ができた老後に、若き日の至らなかった至難の住宅設計を反省し、より高度な完成度を求めた試みであるとも言えるだろう。

二〇世紀近代建築の巨匠という建築設計の手練れは、同時代の社会状況、地理的条件、施主の要望等を如何にしてクリアしていったか。本書はヴァルター・グロピウスやル・コルビュジエから始まってフィリップ・ジョンソンに至るまで、二〇世紀の巨匠たちの傑作住宅を見学し、それらの空間を読み解いたリアルな体験を提示したものである。高次元の住宅作品を賞味することで、読者の建築リテラシーの向上に繋がれば幸いである。

目次

本書内の写真は筆者撮影による。
photos ©Masayuki FUCHIGAMI

グラス・ハウス

Glass House

フィリップ・ジョンソン

Philip Johnson

アメリカ、コネティカット州ニューケイナン

1949

Glass House
Philip Johnson

New Canaan, Connecticut,USA

1949

01

樹木に同化した透明空間

アメリカの世界的建築家フィリップ・ジョンソンは、二〇世紀近代建築から現代建築への道程に大きな足跡を残した巨星である。若き日、ニューヨーク近代美術館（MoMA）のキュレーターとして、ヘンリー・ラッセル・ヒッチコックと「インターナショナル・スタイル展」を企画。また巨匠ミース・ファン・デル・ローエの協力者として「シーグラム・ビル」の設計に参加したことなど、二〇世紀の建築シーンにおけるメルクマールとなっている。

ジョンソンは九八歳の長寿を全うし、夥しいほどの作品を残した。住宅から超高層建築まで、彼はあらゆるジャンルをカバーする多作な作家だ。ニューヨークだけでも「AT&Tビル」を始め、「フォーシーズンズ・レストラン」「リップスティック・ビル」「メイドン・レーン33番地」「エルマー・ホームズ・ボブスト図書館」「クライスラー・トライロンズ」「ロックフェラー・ゲストハウス」など、話題の作品には事欠かない。

中でも名作中の名作として名高いのが、自邸の「グラス・ハウス（ガラスの家）」だ。この世界的に知られた住宅の傑作は、ニューヨークから車で一時間半、コネティカット州ニューケイナンの高級住宅地にある。敷地は鬱蒼と茂る樹林で覆われ、道路から住宅の姿などは一切見えないほど緑が深い。

広さ約一九万m^2の広大な敷地には、ワイルド・ターキー（バーボン・ウィスキーで

グラス・ハウスを崖の下から見上げる

はない）が棲息していると言われるくらいの濃密な自然が保たれている。外部道路が敷地の最上部側を走っており、門をくぐるとそこから敷地内へと坂を下りながら、四五度のダイヤゴナルな曲折を二回繰り返すアクセス通路を辿って「グラス・ハウス」へ到ることになる。坂を下るに連れて、木陰越しに目指す「グラス・ハウス」が徐々に姿を現してくるのは、初見の時は常にそうだが非常に感動的であった。

「グラス・ハウス」は、従来の住宅概念を逆転させた、エポック・メイキングな作品として知られている。壁がすべて窓で、個人生活を物の見事に外部に曝け出しているからだ。これは周囲が広大な敷地内の樹林に囲まれ、住み手が独身者ということも手伝っている。この比類なき透明性は、ほとんど空気から生み出されたような感もあり、この建築自体がエフェメラルな存在とも言えそうだ。

「グラス・ハウス」はフラットな芝生の庭の崖側端部に位置しており、さらに下側にある広い谷を見晴らしている。九・八m×一六・八mのガラスボックスは、黒いスティール・フレーム製でシ

正面側からの全景。中央部にエントランスがある

ンプルこの上ない。四面の大きなガラス壁面は、腰長押《こしなげし》によって支持されており、フラットなガラス・ファサード全体を引き締めている。ワンルーム空間の四面すべての中央部にドアがあり、東側のそれが玄関となっている。

玄関を入るとすぐ左手に、ウォルナット製のキャビネット・スタイルのキッチンがあり、右手にこの住宅の透明性を、唯一遮断しているレンガ造の太いシリンダーがある。その内部には暖炉とバスルームが背中合わせに納まっている。そして正面には、バルセロナ・チェアやラウンジを配した有名なリビング・スペースが、凛とした整然さで構成されている。樹木を背景にした透明な居間は、逆光の中で黒い柱と外部の樹木の黒いシルエットが同化し、森に溶融した見えざる空間となる。居間が森の中にあるかのごとき様相が、「グラス・ハウス」の特徴だ。

さらにジョンソンの偏執狂的側面を示す例として、彼は徹底してスイッチ類が壁面上に出るのを嫌い、すべを隠してしまった。生涯独身で通した彼は、かなりのキレイ好き・整理好きだったようだ。その上贅沢なことに、彼は衣食住以外の機能はすべて別棟

正面の裏側を見る。右手になだらかな崖がある

に置いた。書斎、彫刻ギャラリー、絵画ギャラリー、ゲストハウス、水上パビリオン、ビジターズ・センターなど。広い緑の庭園に散在するこれらのエディキュラ（小神殿）を訪問するのもここでの醍醐味だ。

僕は「グラス・ハウス」が一般に公開される前に訪問しており、以来数回訪れているが、ある時ガイドさんが、「今日はグラス・ハウスが消えてしまいます」と奇妙なことを言った。そして彼女が建物の近くにあるスイッチのようなものを押すと、不思議や建物の周囲から一斉に霧が噴き出し、あれよあれよという間に「グラス・ハウス」は霧の中に消失してしまった。面白そうだったので、自分も霧の中に飛び込んで消えてしまった。

それから一〇年か一五年くらい経った頃

の話である。自分は銀座メゾンエルメスの会員なので、いつもアート展のオープニング・レセプションに呼ばれるのだが、ある時とある女性アーティストのそれに参加した。展示にはレンゾ・ピアノが設計したガラス・ブロックの空間に、何やら霧を噴き出している装置があった。僕ははたと「グラス・ハウス」の霧事件のことを思い出し、そのアーティストに話し掛けてみた。すると案の定、「グラス・ハウス」の霧事件の犯人は彼女であった。展覧会のタイトルには彼女の名前中谷芙二子と、父中谷宇吉郎の名前が並置されていた。

これより以前、僕は金沢建築ツアーを二回ほど行ったことがある。金沢にある著名建築を視察するツアーで、その中に日本現代建築の巨匠磯崎新設計の「中谷宇吉郎

右頁｜ミースのバルセロナ・チェアを配したリビング
左頁｜円筒形の暖炉。背後に洗面所・トイレがある

雪の科学館」があった。建物は二棟からなっているが、雪の研究の碩学・中谷の科学館が手前にあり、背後に中庭を介して湖に面したカフェがあった。

面白かったのはこの中庭で、大きな岩石がゴロゴロしており、その間から霧がモコモコ出ていたのだ。それが中谷芙二子の作品だったのだ。この霧の先にあるカフェは、湖のワイドなパノラマをエンジョイできるロケーションが圧巻！「グラス・ハウス」の霧事件から、話は日本の金沢にまで飛んでしまったが、話を戻すと「グラス・ハウス」での霧事件に遭遇することができたおかげで、中谷芙二子氏に会えたし、父が中谷宇吉郎だったことも判明した。これはまさに「グラス・ハウス」訪問から生まれた僥倖であった。

しかしジョンソンの「グラス・ハウス」生誕の話は、多少スキャンダラスである。ジョンソンは一九四七年にジョンソン自身が企画した「ミース・ファン・デル・ローエ展」の時初めてミースに会った。その折に彼の「ファンズワース邸」の図面を見て、自分が進めていた「グラス・ハウス」の歴史的・折衷主

リビングから寝室（正面の木壁の後ろ）方向を見る

義的な図面を大きく変えてしまい、しかも「ファンズワース邸」より一年早く完成させてしまった。

この時の図面を僕はある雑誌で見たが、ジョンソンの家はアーチが連続する古いファサードの建築だったのだ。「ファンズワース邸」の清澄なユニヴァーサル・スペースには匹敵すべくもないが、「グラス・ハウス」も四面ガラス張りで腰長押を入れてガラスを支持して、それぞれの面にドアを配して差異を織り込んでいる。だがミースの「ファンズワース邸」なくしては、現在の「グラス・ハウス」は有り得なかったようだ。

先述のように「グラス・ハウス」には一般に公開される前に訪問することができた。それはジョンソンの死後ジョン・バギーというジョンソンと協働していた建築家に連絡し、『アメリカ建築案内』というガイドブックを出版するので、「グラス・ハウス」を取材したいと申し込んだからだ。彼は、「現地にマーティンという建築家がいて管理をしているから、彼に頼めば許可するようにと言っておく」と寛大な返事。そのマーティンに連絡すると、「いつでもいいから来いよ」と返事が返ってき

寝室のコーナー部にある読書デスク

て、また寛大なひとだった。

『アメリカ建築案内』の一巻目ができて持参し、マーティンに一冊差し上げて、もう一冊をジョンソンに贈呈したいと言うと、本箱の好きなところに入れていいよとこれまた寛大だった。見学後マーティンは、僕たちの車を出すために、やはりジョンソンがデザインした電動の門を開けてくれた。その後二〇一一年に訪問した時は一般に公開されていて、そこにマーティンはいなかった。見学ガイドのメアリーに、マーティンはどうしているかと聞くと、ニューケイナンの街で元気に暮らしているということであった。

上｜敷地内にある彫刻ギャラリー
中｜スタディ（書斎）
下｜ビジターズ・センター

グロピウス・ハウス

Gropius House

ヴァルター・グロピウス

Walter Gropius

アメリカ、マサチューセッツ州リンカーン

1938

Gropius House
Walter Gropius

Lincoln, Massachusetts, USA

1938

02

丘の上に立つ幾何学的フォルム

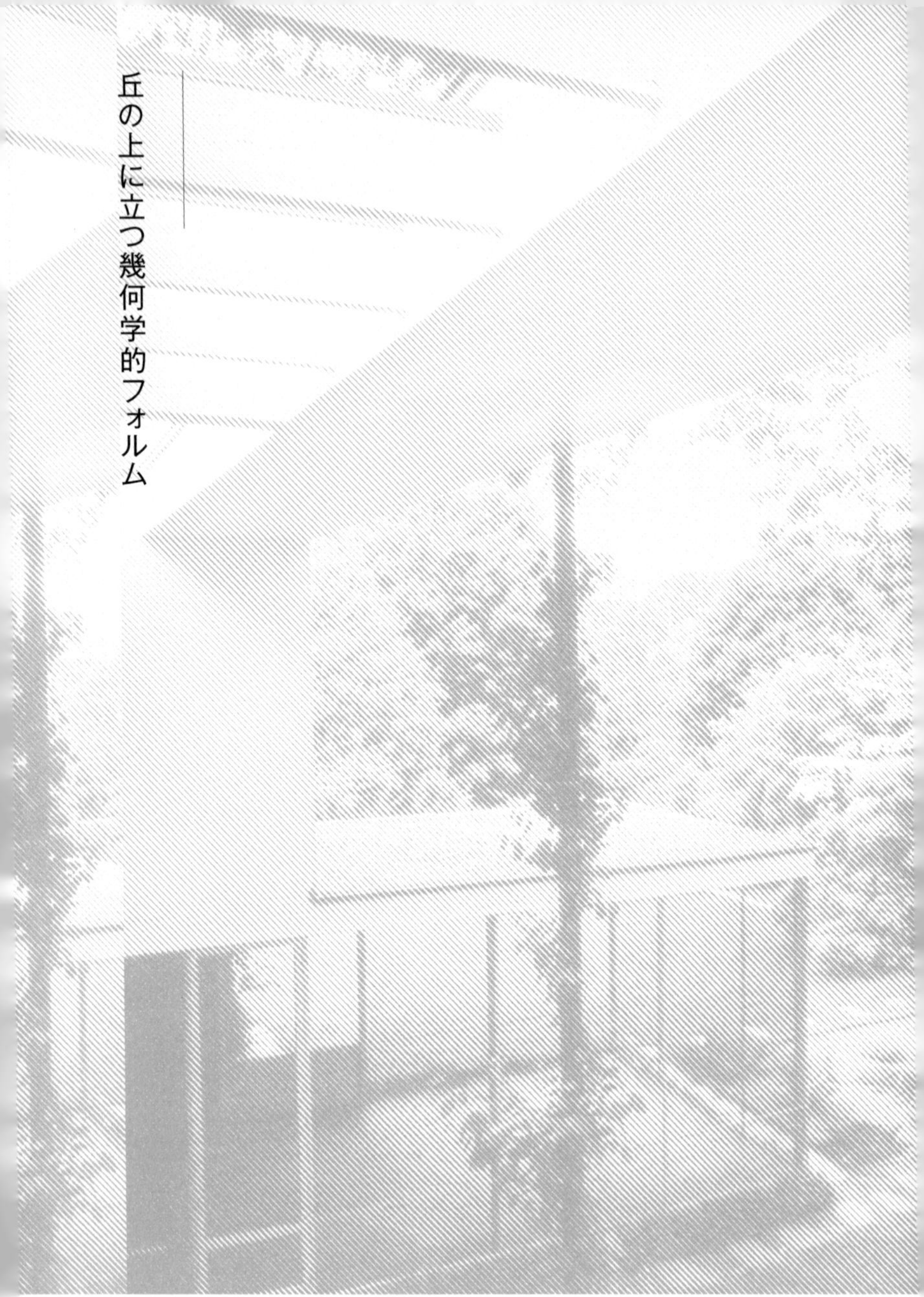

ヴァルター・グロピウスについて巷間で言われるのは、「近代建築三大巨匠であるル・コルビュジエ、フランク・ロイド・ライト、ミース・ファン・デル・ローエに加えて、四大巨匠のひとり」という文言だ。しかし、周知のようにグロピウスは「バウハウス」の創立者であり、ハーバード大学のディーンとして優秀な建築家たちを育成しているということから、世界的な貢献度は他の三者をはるかに凌駕すると思う。実際のところ、先の文言は適切ではないというのが僕の考えだ。

また、ヴァルター・グロピウスがその他の三人と異なるのは、彼だけが建築家の家系に生まれ育っているということだ。ライトは牧師、ミースは石屋、コルビュジエは時計職人の息子だった。グロピウスの場合は、大叔父にドイツ新古典主義の巨匠、カール・フリードリヒ・シンケルの弟子であったマルティン・グロピウスがいたというから、建築デザインでは正にサラブレッドの血筋であった。

一九一一年にグロピウスは処女作「ファグス靴工場」をアドルフ・マイヤーと設計。ガラス張りかつレンガ造の建物は、師ペー

インターナショナル・スタイルをまとったスマート・デザイン

ター・ベーレンスの「AEGタービン工場」を参照したものだが、大きなガラス・カーテンウォールや矩形のシンプルな形態は、モダニズム言語の代名詞となった。建物は後年、二〇世紀建築界を席巻するインターナショナル・スタイルの到来を予兆した先駆的な作品として評価された。

こうしたグロピウスの作風は、その後一九二六年にデッサウに開校した「バウハウス」のデザインとして開花し、インターナショナル・スタイルという様式を決定的なものにした。これにより建築家としての彼の名声は世界的に知れわたり、一九三七年にはハーバード大学に招聘され、ディーンとなってフィリップ・ジョンソン、I・M・ペイなどの著名建築家を輩出した。

渡米した翌年の一九三八年、グロピウスは早くも自邸をマサチューセッツ州のリンカーンに設計。とはいっても渡米したばかりの彼には、自力で土地を購入し家を建てる経済力はなかった。にもかかわらずボストンの篤志家の援助で完成したのは、彼の建築家としての才能と人望によるところが大きかった。グロピウスの友人であり建築家で、彼を尊敬していたヘンリー・シップレイは、慈善家のヘレン・ストローに頼み込んで、リンカーンにある土地と住宅の建設費の提供を承諾してもらったのである。

この住宅は、ハーバード大学のキャンパスから三〇分ほどのところにある。背後に森を擁したなだらかな丘の上に位置する一等地。アプローチは緑の緩やかな傾斜地を

玄関への長いポーチ

丘の上にある住宅へのアプローチが素晴らしい

右手に見ながら、左手の道を上っていく。このアクセスは、アルヴァ・アアルトがパリ郊外に設計した「ルイ・カレ邸」に似ている。丘を下った近くに、「バウハウス」時代に共に活躍し、彼がハーバードへ招いたマルセル・ブロイヤーも自邸をつくった。

ハーバードに招聘されたグロピウスは、革新的なカリキュラムで同校の教育プログラムに変革をもたらした。そして建築作品で、ニューイングランドの建築風土に衝撃を与えたのが「グロピウス・ハウス」だった。当時アメリカでは、すでにウエストコーストにおいてヨーロッパ・モダニストの建築作品を垣間見るチャンスはあった。それらはオーストリアから移住してきたルドルフ・シンドラーの「シンドラー邸」やリチャード・ノイトラの「ロヴェル邸」などの作品であった。

グロピウスは、もちろんインターナショナル・スタイルのヴォキャブラリーを多用した。フラット・ルーフ、リボン・ウィンドウ、二階のテラス、控えめの装飾、ボックス形のヴォリュームなど。また内部でもオープン・プランを始め、ガラス・ブロック、スティール・コラム、コルク・フロアなどの工業製品の使用がそ

住宅の背後を見る。大きな樹木とのコンビネーションが抜群

れを裏付けている。またグロピウスのコラボレーターであるブロイヤーが、家具を多数デザインした。

ヨーロッパ・モダニストの建築言語を多用したものの、グロピウスが賢明だったのは、自邸を一〇〇%インターナショナル・スタイルの権化にしなかったことだ。彼は保守的な東部ニューイングランドの風土を理解し、バウハウスの影響とニューイングランドのヴァナキュラーな伝統をミックスさせたのだ。白い下見板の縦張り、レンガ造の暖炉、スクリーン付きのポーチ、野石積みの基礎、擁壁、葡萄のツル用のトレリス（格子状の柵）などを使用し、この地方の環境に馴染むよう心掛けた。

この建物には、斜めに付けられたポーチをくぐって玄関に入ると、螺旋階段のホールがあり、すぐ右手にはオフィスがある。事務室と居間はガラス・ブロックで仕切られ、庭へのドアもある。逆L字形のダイニング・リビングは、ダイニングのドアを介して細長いキッチンに通じている。僕は居間の書棚に、清家清の著作が何冊かあるのを見つけた。おそらくグロピウスが一九五四年に来日した時、親交をもったのだろうと思った。

右頁｜白い外壁に黒塗りの玄関ドアの対比が爽やかだ
左頁｜2階テラスから見下ろしたメタル・ネット張りの朝食室

当時すでに食洗器やディスポーザーを備えたキッチンをつくっていたことには驚いた。また、玄関と反対の南側に面し、その外側が網戸のようなメタル・ネットで囲まれた不思議な部屋があった。聞けばこの虫籠のような空間は、森からの蚊を避けて朝の爽やかな外気の中でブレックファーストをいただく工夫によるものであった。グロピウスらしい工業製品を使用したグッド・アイディアだ。これについては他の書籍でガラス張りと表記しているものがあったがそれは間違い。僕はメタル・ネットで覆われていたのを確かめてきた。

二階は居住部分で、グロピウスと妻のイセ、娘のアティ、それにメイドが住んでいた。アティの部屋は広く、それに続くパーゴラ付きのテラスも大きかった。友達を呼んで遊ぶために大きくしたようだ。多くの友人が集いパーティなども開かれたらしい。実際には建物が竣工する以前から噂を聞いた人々が押し寄せ、家族が入居してからは、途切れることなく訪問者たちが来たという。

壁には、ヘンリー・ムーア、ヨーゼフ・アルバース、ホアン・ミロなどによる抽象絵画や図面が飾ってあった。アティによれば、建築家、アーティスト、作家、音楽家などの友達が多く、家はそうした人々の溜り場だったようだ。グロピウスらしいソーシャビリティに富んだ人柄が偲ばれる。

ここは近くにヘンリー・D・ソローの名作『ウォールデン 森の生活』で有名なウォールデンの池もある名勝地。グロピウスはこの自邸に一九三八年から他界する一九六九年ま

上｜食堂越しに居間方向を見る
下｜リビングの書棚に建築家・清家清の著書があった

で住んでいた。その一五年後、イセ・グロピウスは、この家をニューイングランド歴史保存協会に寄付するという遺言を遺した。

余談となるが、グロピウスは音楽家グスタフ・マーラーの未亡人であった美貌のアルマ・マーラーと結婚しており、彼女のファム・ファタールぶりを含めたその辺りの話も興味深い。グロピウスはそうしたスキャンダラスな経緯のあと、イセ・フランクと結婚し、アメリカに移住してからは安定した生活を送った。

グロピウスは一九三七年から一九五二年までハーバード大学で教育に携わっていたが、一九四六年に仲間の若い建築家たちとTAC（The Architects' Collaborative）を結成した。TACの活動は目覚しく、グロピウスの死後も世界中に素晴らしい作品を残している。自分もTACの作品はいろいろ見た。代表作であるニューヨークの「パンナム・ビル」（現・メットライフ・ビル）やハーバード大学の「ハークネス・コモン」（ハーバード大学院センター）を始め、ベルリンにある「ハンザフィアテル集合住宅」や「ジーメンシュタット・ハウジング」等々。

2階のテラス。右手コーナー部の階段で庭へ降りることができる

リビングの開口部が大きく、周囲の緑が十分観賞できる

トゥーゲントハット邸

Villa Tugendhat

ルートヴィヒ・ミース・ファン・デル・ローエ

Ludwig Mies van der Rohe

チェコ、ブルノ
1930

Villa Tugendhat
Ludwig Mies van der Rohe

Brno, Czech Republic
1930

03

先進のテクノロジーを駆使したユニヴァーサル・スペース

二〇世紀近代建築の巨匠ミース・ファン・デル・ローエは、建築家として活動を始めた当初から、かなりの住宅作品を残している。彼の住宅作品の中で燦然たる輝きを放っているのが、「トゥーゲントハット邸」と「ファンズワース邸」であるのは言を俟たない。

「トゥーゲントハット邸」のクライアントであったグレダ&フリッツ・トゥーゲントハット夫妻は、一九二八年の大晦日、ミース・ファン・デル・ローエのベルリン事務所を訪れた。そこで彼らが目にしたものは、彼らの常識を遥かに超えた、今までにない鉄骨造の住宅であった。当時としては超先端的なデザインの「トゥーゲントハット邸」は、それから四年後の一九三〇年に完成した。これはフランスのピエール・シャローが設計して一九三二年に完成した、同じ鉄骨造の「ガラスの家」より二年も早い完成であった。

チェコ共和国第二の都市ブルノ。「チェコのマンチェスター」との異名をとるこの都市は、一九世紀より繊維業が発達。結婚したグレダ・ロウ・ビアーとフリッツ・トゥーゲントハットの両家は、繊維業で名を成したユダヤ系ドイツ人ファミリーだった。グレダの父アルフレッド・ロウ・ビアーは、彼らの結婚を祝って、ブルノの街を見晴らす丘の一等地を娘に贈与し、その上住宅建設費をも支援した。

結婚前ベルリンに住んでいたグレダは、美術史家のエドワード・フックスが当時入居していたミースの「パールス邸」や「ヴァイセンホフ集合住宅」を訪問。シンプルでモダンな広い住宅に憧れていた。ミースへの設計依頼は、こうした彼女のデザイン的先見性に負うところが大きかった。二人は一九二八年の七月、ミースにコミッションを依頼し、同年九月現地を訪れたミースはこの設計を引き受けた。

敷地は、南西に面する緩やかな緑の斜面で、上端を道路が走っている。正にベルヴェデーレ（見晴台）と形容するに相応しいトポグラフィーだ。建物は回遊性のある庭の最上部から、左上がりの外部階段で一階のテラスへアクセスするデザインを有しており、これについては、コルビュジエの「スタイン邸」（一九二八年）との相似が指摘されているが、ミースがそれを参照したかどうかは定かではない。

僕は「スタイン邸」の裏側にある二階テラスに上がったことがある。テラスにアクセスできるのは階段ではなくスロープによってだった。しかも二階のテラスに向かって右側はコンクリートの手摺で、左側はスティール・フレーム、手摺子はメタル・ネットになっている。しかもその手摺の上にかなり幅のある半透明のガラスのようなものが乗っているのだ。これはコルビュジエではなく、後世住人が付けたと思われる。一方、「トゥーゲントハット邸」の左側手摺はシンプルなスティール・フレームだけである。

「トゥーゲントハット邸」は道路沿いに長く延びた平屋建てで、二階となる玄関の外壁は乳白色のカーブしたガラス面で覆われており、これが最初のアクセス・イメージだ。曲

右頁｜妻側からの外観。右手の塀の外は前面道路
左頁｜傾斜した庭からの見上げが素晴らしい定番アングルだ

面壁で優しく包み込まれるように玄関に吸い込まれると、トラヴァーティンを敷き詰めた白い柔和な光が漂う玄関ホールが現れる。ミースが仕組んだソフトな静謐感に満ちたアトモスフィアは素晴らしい。二階にはその他夫婦それぞれの寝室と、三人の子供部屋が配されている。

この曲面壁に沿ったトラヴァーティンの階段を下ると、ミース・デザインの切り札、「ユニヴァーサル・スペース」の登場だ。ミースはこの時期、有名な「バルセロナ・パビリオン」を進行させており、そこで試みた空間概念をここに応用したのだ。これはアドルフ・ロースの「ラウムプラン」、ル・コルビュジエの「近代建築の五原則」、ルイス・カーンの「サーヴド・スペース&サーヴァント・スペース」などと同様、二〇世紀巨匠建築家たちの著名な空間概念として世界的に知られている。

ユニヴァーサル・スペースとは、大きな空間を壁で仕切って個々の機能空間をつくるのではなく、家具、仕切り壁、カーテンなど可動的なエレメントで空間を生み出すフレキ

ルートヴィヒ・ミース・ファン・デル・ローエ　Ludwig Mies van der Rohe

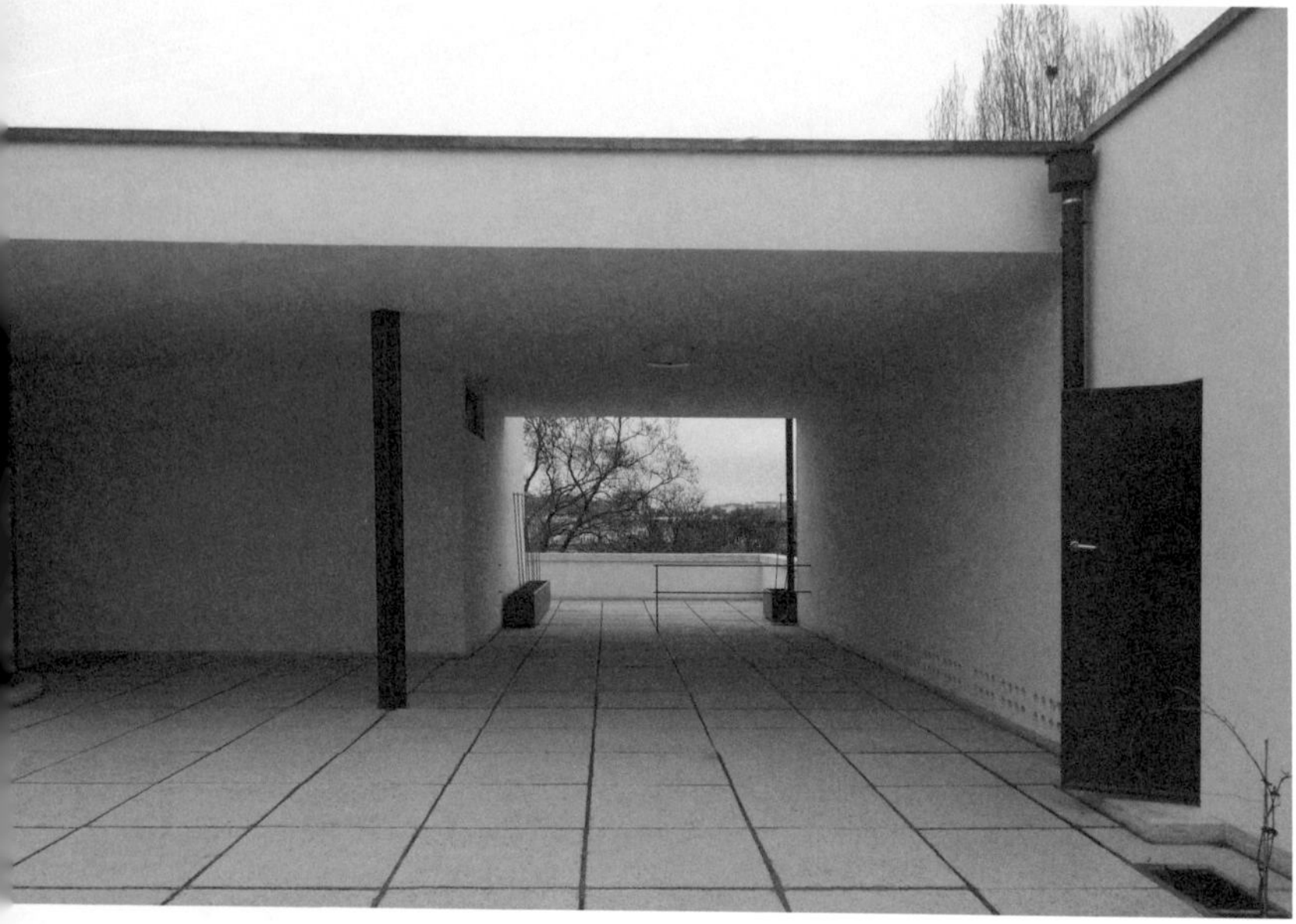

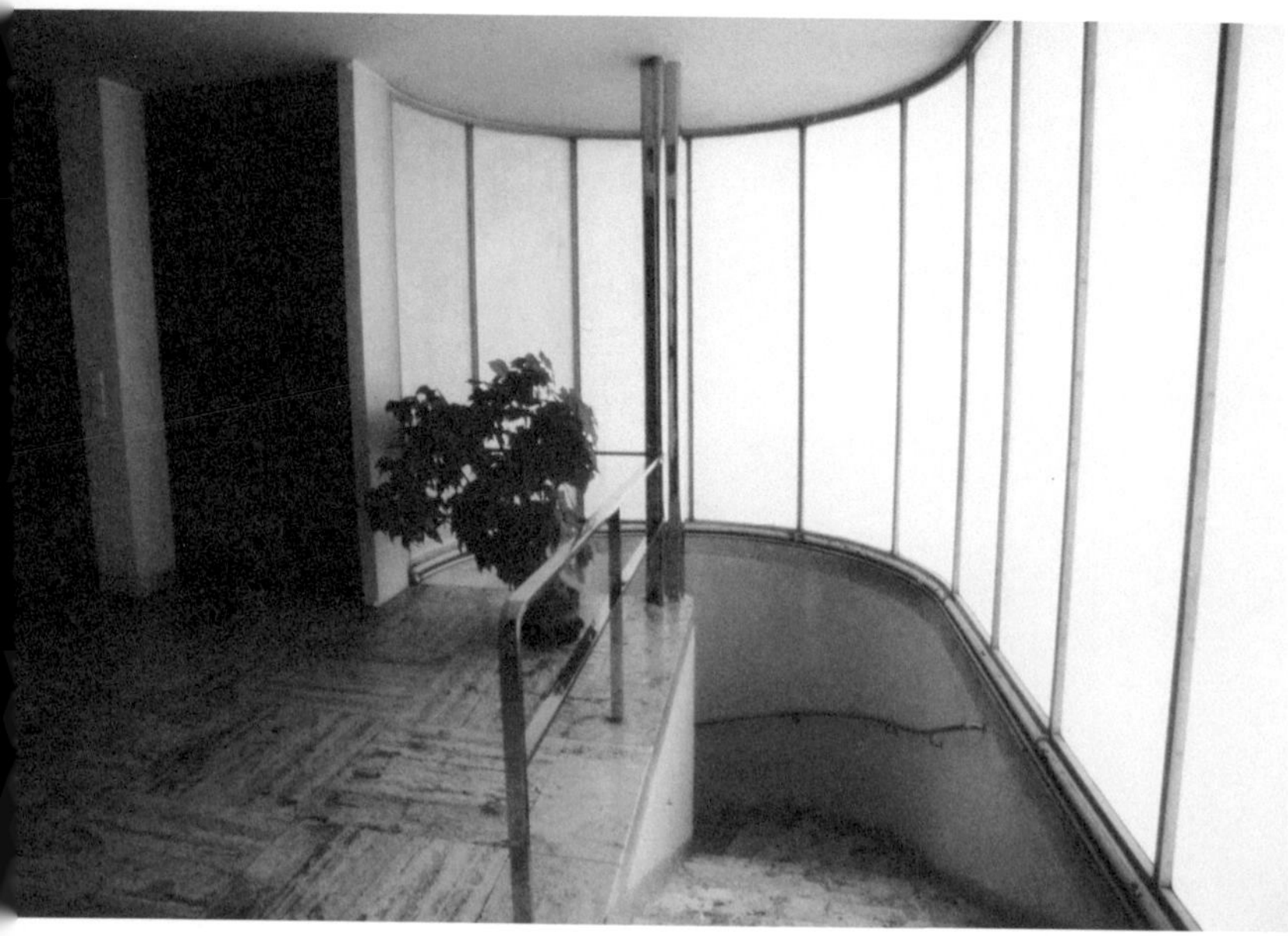

シブルな空間構成を意味する。クローム・メタルで被覆した十字形コラムで支持されたリビングには、黒檀の半円形壁面に囲まれたダイニング・エリア、大きな書棚のある図書コーナー、ウィンターー・ガーデン脇の談話コーナーなどがある。

ユニヴァーサル・スペースであるリビングを中心とした一階には、数々の驚異的なデザインや技術的な装備が施されている。その代表例は、庭側全面を覆うガラス窓のうち中央の二枚が電動で地下に収納され、居間と庭が一体となる開放的な仕組みだ。二〇一二年四月に訪れた時、ガイドがこの可動システムをリモコンで動かしたのにはいささか興ざめであった。以前来た時は従来どおりのスイッチ式だった。近年の改修で便利なリモコンに変えたようだが、これには墓の下のミースも驚いているだろう。僕は地下に降りてこの機械を見せてもらったが、そこには大きな歯車があった。住宅の中に工場にあるような大きな機械が装備されているのには驚いた。

この住宅に対するミースの力の入れようはただ事ではなかった。例えば円形ダイニング・テーブル。これは最高二四人掛けのテーブルだが、その半分の一二人掛けやそれ以下に可変する優れものである。さらにこの住宅は、当時では珍しいであろうエアコンや加湿室が装備され、最適な空気を室内に

右頁上｜左手の曲面ガラスが玄関。正面通路は庭側のテラスに通じる
右頁下｜白濁したガラス張りの玄関ホールに自然光が漂う
左頁｜玄関正面

供給していた。これらの装備はテクニカル・フロアと呼ばれる地階にあり、当時は洗濯室、倉庫、機械室などがあったが、現在は展示室やデザイン・ショップになっている。

ちょうどコルビュジエがシャルロット・ペリアンと組んでシェーズ・ロングやバスキュラント・チェアを開発したように、ミースもインダストリアル・デザイナーのリリー・ライヒと組んで、この住宅のためにブルノ・チェアとトゥーゲントハット・チェアを設計した。周知のように、体と接触するこの椅子のデザインは非常に難しいと言われている。

また彼は壁を手垢で汚さなくて済むスイッチをデザインしたが、窓や

ドアの取手やドア・ストップなどは、ヴァルター・グロピウスがデザインした物を使用している。察するに、ペーター・ベーレンス事務所での上役であった彼に敬意を表したのではないか。

"Less is more" の美学を貫いたミースは、裕福なクライアントがそうするように、著名なアーティストの絵画等は一切飾らなかった。唯一トゥーゲントハット夫妻が選んだ、ドイツ表現主義彫刻家ヴィルヘルム・レームブルック作の彫刻作品だけを、リビングに置くことを許したようだ。

僕は三回目の訪問で初めて気がついた謎があった。それはこの住宅にはゲストが泊まる客室がないという

右頁｜円形テーブルのある食堂から赤いチェアのあるリビングを見る
左頁｜玄関ホールから階段を下るとリビングに至る

ことだった。ガイドに聞くと、客人は晩餐を終えた後、運転手付の車で、居間の正面から遥か遠くにある別棟の客室に送られるのだという。そんな洒落たもてなし方があるとは、ついぞ聞いたことがなかったので、さすがは「トゥーゲントハット邸」と感心した。しかしそれがどこにあるのか、ぜひ知りたいと思っている。

「トゥーゲントハット邸」はひとつの奇跡である。その建設システム、空間配置、インテリア・フィニッシュ、技術的装備、自然環境への建物配置計画など、当時の世界が経験した住宅デザインにおける空前のマグヌム・オプス（大傑作）であった。

上｜居間の大きな開口部から庭越しにブルノの街並みを遠望できる
中｜樹木の茂った庭を背景にしたバルセロナ・チェアのあるリビング
下｜ミースは大きな窓ガラスを地下に収納できる驚異のシステムを採用

ノーマン・
フィッシャー邸

Norman Fisher House

ルイス・カーン

Louis Kahn

アメリカ、ペンシルヴァニア州ハットボロ
1967

Norman Fisher House
Louis Kahn

Hatboro, Pennsylvania,USA
1967

四五度に連結されたダブル・キューブ

ルイス・カーンは巨匠建築家としては、建築作品数は決して多くない。しかし彼の作品のほとんどは傑出したデザインをもったものとして知られている。美術館の中では世界最高と言われる「キンベル美術館」を筆頭に、「バングラデシュ国会議事堂」「ソーク生物学研究所」「ブリンモア大学女子寄宿舎」「ペンシルヴァニア大学リチャーズ医学研究棟」「インド経営大学」「イェール大学英国美術研究センター」「イェール大学アート・ギャラリー」「フィリップ・エクセター・アカデミー図書館」など。

住宅では「ノーマン・フィッシャー邸」を始め、「マーガレット・エシェリック邸」「スティーヴン・コーマン邸」など、完成作は九件。これらを総合しても、カーンの作品はせいぜい二十数件くらいだ。しかしカーンの住宅はすべて現在でも住まわれているという事実が、彼のデザインのすごさを物語っている。「フィッシャー邸」のような小住宅においても、カーンのデザイン力は途切れるところがない。むしろカーンは、住宅デザインは建築設計の基本と理解し、そこで種々の建築デザインの実験を試みてきた。

一九六〇年にスタートした「フィッシャー邸」は小さな住宅作品だが、カーンにとっては大きな作品に関わっている時期に来た仕事で、後年の大規模作品に表出するデザイン・アイディアを探究する元になった。同時期の作品を見てみると、すでに一九五九年から「ソーク生物学研究所」がスタートしており、一九六〇年には「ブリンモア大学女子寄宿舎」が進行。さらに一九六二年には「バングラデシュ国会議事堂」が始まったために、住宅ながら七年もかかって一九六七年の完成となった。

ノーマン&ドリス・フィッシャー夫妻は、ペンシルヴァニアのハットボロにあるコロニアル様式の住宅に住んでいた。彼は近くに新しい家を建てて仕事も効率よく自邸で行いたいと思っていた。彼らが購入した土地は、フィラデルフィア郊外の住宅が密集するエリアに潜んでいた。樹齢一〇〇年ほどの樹木がうっそうと茂る八〇〇〇m^2の土地で、中央を小川が流れている敷地だった。

二〇〇五年にここを訪れたのだが、敷地は道路に面した林という感じで、道路から樹林越しにわずかに家が見えた。家の反対側にはテラスがあり、その先は傾斜地で二階建ての表側に対し、反対側は三階となっている。坂を下ると静かな流れの小川があり、川面に家の姿を映した閑静な森の水景色は素晴らしかった。

"I love beginnings"(私は始まりを愛する)とカーンが言うとおり、一九六〇年に初めてフィッシャー氏に会ったカーンは、その出会いを大切にし、フィッシャー氏との緊密な関係を構築して設計をスタートさせた。当時で四万五〇〇〇ドルの予算を提示されたカーンは、彼の住宅作品の中では最もユニークなプランを考案した。

庭側からの全景。ふたつの木造立方体が45度の角度で連結する

夫婦と娘二人の住宅は、ふたつの正方形平面の木造立方体を、四五度の角度をもって連結させるダブル・キューブ・コネクションであった。

当初カーンは、一棟を石造で他方を木造で計画したが、予算的な事情もあり、また石造の冷たい印象は住宅らしい温もりに欠けるということでご破算となった。だがフィッシャー氏の仕事部屋兼物置となる地下室は石造の基壇の中に配置し、その上に地元産の糸杉による二階建て木造棟を乗せることにした。

ふたつのキューブが四五度の角度で接するという「フィッシャー邸」のユニークなプランには、同時期に進行させていた「ブリンモア大学女子寄宿舎」のプランニングが反映されている。これは三連の正方形プランが各々の頂点で連結されたダイヤゴナル・コネクションで、その後一九六五年にスタートした「ドミニク派尼僧院」(未完)に、この住宅の平面形が影を落としている。

「フィッシャー邸」では頂点同士の結合ではなく、居間を内包する「リビング・キューブ」の南側コーナーが、寝室群を擁する「スリーピング・キューブ」の北側壁面に差し込まれている。それは内部空間でいえば、寝室棟内の北側廊下に居間棟が接続されているのだ。カーンが居間と寝室群を二棟に分ける際には、両者の機能的な差異を考慮し、四五度の角度がもたらす景色や自然光もそれに合わせて巧みに配分したのだ。寝室棟の小さな玄関を入ると、正面にまっすぐ延びた廊下の突き当りにフルハイ

リビング棟外観

小川越しの全景

トのガラス開口部があり、爽やかな緑のインテリアのファースト・インプレッションが心に残るのだ。

廊下の左側にある四五度振った居間の入口に立つと、リビングの内部を斜めに見る視角のため、正面に暖炉や本棚が、右手には窓がわずかに見える。特に暖炉は二〇度振った形で入口側を向いているので、高さ五・五mの天井まで立ち上がった石張りのチムニーの存在は圧巻。カーンは暖炉を人間生活の基底をなすシンボルと捉えている。ここではカーンが「ペンシルヴァニア大学リチャード医学研究棟」で実践した空間概念である「サーヴド・スペース」（サービスされる空間）と「サーヴァント・スペース」（サービスする空間）が、石張りのチムニーと本棚が結界となることで体現され、前者に当たるリビングと後者のキッチンを巧みに分けている。

さて一歩居間に入ると、天井までの大きな窓が緑と自然光を呼び込むリビング・コーナーが右手奥にある。ビルトインのベンチやキャビネットを始め、工夫を凝らした網戸、寒暖の激しいフィラデルフィアの気候を考慮した二重窓など。さらにベンチの背を手前に倒すと、中にテレビがある仕掛けだ。手作りのクラフト的なディテー

リビング内部。大きな開口部の前に居心地のよいベンチを配置

ルを装備したリビング・コーナーは、この家の白眉だった。

木造の家全体は、きめ細かなデザインで巨大な家具というに相応しい。築後四五年（訪問時）になる糸杉の外壁には、フィッシャー夫妻が毎年一度亜麻仁油を塗るという。微塵の汚れも見せないアメ色に輝く美しい外壁は、住み手による不断の手入れがもたらした類い希な結果であった。

帰りがけに僕が著名建築の木の葉や石ころを収集していると言うと、フィッシャー氏は庭の木の葉と、花壇の縁石に使用していたこぶしサイズの石をくれた。少し大き過ぎるので半分に割って欲しいと頼むと、フィッシャー氏はトライしてくれたが割れなかった。今まで僕が収集した中では最大のものだ。今回原稿を書くにあたり調べると、寂しいかなフィッシャー氏は二〇〇八年に亡くなられ、住宅は売りに出されているようだった。

その後、フィラデルフィアを訪れた時、新しい住み手がいることと思い訪問すると、住

左上｜ベンチの背を倒すと内部にテレビがある
右上｜大きな開口部がある玄関を入ると右が寝室棟で左がリビング棟
左下｜使いやすそうなキッチン
右下｜キッチンの側面にも大きな開口部がある

人はおらず建物は荒れ果て外壁はひからびて、美しいアメ色の輝きは見る影もなかった。「「サヨナラ」ダケガ人生ダ」と言った日本人作家の言葉が思い出されて寂しかった。あの時フィッシャー氏から頂いた木の葉と石が、今僕の石葉コレクションの中で「フィッシャー邸」の思い出を輝かせている。

ルイス・カーンについては息子のナサニエル・カーンが監督した映画『マイ・アーキテクト　ルイス・カーンを探して（原題：《My Architect: A Son's Journey》）』が日本でも二〇〇六年に公開された。ナサニエルが父の足跡を辿る映画で、冒頭で挙げたカーンの著名作品が登場する。その時買った映画の原題と同名のサウンドトラックのCDが素晴らしい。特に冒頭の「アダージョ」が暗く美しいメロディーなのだ。また、このCDの中ではルイス・カーン自身が喋り、彼の生の声を聞くことができる。

またルイス・カーンに関する書籍はたくさんある。僕がもっているものの一冊は *Louis I. Kahn: Complete Work 1935-1974* だが、これは長さが四三cmもある大判の本だ。彼の未完作も含めた全作品が図面を主体に掲載されている布張りハード・カバーの豪華本である。

上｜食堂からも庭の緑が観賞できる
下｜玄関（表）側からの全景。表側は樹木が茂って薄暗い

Villa Le Lac

Le Corbusier

Corseaux, Switzerland

1925

美景の前に座した住むための機械

ル・コルビュジエが一〇代の頃から、生まれ故郷のラ・ショー・ド・フォンに設計し始めた住宅群である「ファレ邸」「ジャンヌレ邸(父の家)」「ジャクメ邸」「ストッツァー邸」などは、おそらく多くのコルビュジエ・ファンが脳裏に描く住宅群とは大きな隔たりがあろう。

スイス北西部山奥のヴァナキュラーな住宅の形態は、ローカルな材料を使用した勾配屋根の民家的な造りだから、その後の「サヴォア邸」「スタイン邸」「ラ・ロッシュ&ジャンヌレ邸」「クック邸」「ド・マンドロー邸」などのインターナショナル・スタイルのモダニスト建築とは大きく異なる。

「小さな家」は一九二五年の完成だから、コルビュジエによるモダニスト建築の先駆的な作品であると同時に、スイスにおける彼の唯一のモダニスト住宅だ。スイスにある敷地は東西に細長いレマン湖の東端側北岸のコルソー。長さ一六m×幅四mの細長い住宅は、わずかに一八坪しかない広さ。このミニマルな空間は、湖岸に沿った九〇坪の敷地の西側によせて建てられている。

コルビュジエは一九一七年にパリに出てきてから、故郷の山奥に

リビングの窓から見えるレマン湖とアルプスの美景

住む両親のために、景色の良いところに終の住処をつくってあげたいと思っていた。両親の老後を思いやる彼は、至れり尽くせりの設計図を先に描き上げ、それに見合う良い土地を探し続けた。彼は旅行する時はかならず、ポケットの中にその図面を忍ばせていた。そしてついに見つけたのが、スイス・レマン湖北岸のコルソーにある理想的な土地であった。

「小さな家」には、コルビュジエが提唱した「近代建築の五原則」のうち四つが実践されている。ピロティ、屋上庭園、水平連続窓（リボン・ウィンドウ）、自由な平面の四つだ。このうち、長さ一一mもあるリボン・ウィンドウから望む景色は感動ものだ。目の前に青々とした水をたたえたレマン湖の景色が広がり、その背後に雪を頂くアルプスのモンブランやローヌ渓谷が聳える息を呑むようなパノラマだ。コルビュジエの母堂が、この家で一〇一歳の長寿を全うできたのは、澄んだきれいな空気と美しい景色が幸いしたと、僕は思っている。

コルビュジエの「近代建築の5原則」のひとつ水平連続窓

建物は平屋だが、地下貯蔵庫があった。だが後年コルビュジエ夫妻が宿泊するためのゲストルームが、西側二階に増築された。建物は細長い平面形の中に、細長いコアが西側寄りに配置されている。このコアの南側（窓側）には、湖やアルプスが手に取るように見えるベッドやバスタブが配され、北側（玄関側）にはトイレやキッチンを配している。内部の動線はこの機能的なコアをぐるりと巡るような回遊式にデザインされているので、歳を召された母親にとっては非常に便利だったに違いない。

住宅の中央東側部分には居間兼食堂があり、さらにその先の東側端部は客室となり庭への出口もある。若き日ピアノの教師であった母親は、老後の慰めにこの居間で独奏を楽しんだ。そのためにコルビュジエはピアノ用回転式照明器具を設計した。またコルビュジエが一八歳の頃つくった裁縫机で繕い物もしていたようだ。そうした細々とした作業は、彼が『今日の装飾芸術』で発表した「リポリンの法則」で可能になった。これは白い壁面の正当性を主張した

妻側にはピロティがあり、外部へのドアがある

理論で、彼は生活空間に内在する暗い影のような部分を、この法則を適用することで一掃している。年老いて視力の弱っていた母親は、この白く明るいリビング・マシンの中で随分と助けられたであろう。

「近代建築の五原則」は、周知のようにその後の「サヴォア邸」で完璧な姿を現すが、その前座的モダニスト住宅のとしての「小さな家」に、コルビュジエは数多くの機械のごとき機能的アイディアを盛り込んだ。前述のアイディアに加えて、食堂ではさらにダイニング・テーブルの大きさが、来客人数に応じて変化する。客室には朝日を取り入れるためのスカイライトを設置。普段は壁の中で見えない来客用隠し洗面器。さらに来客用のベッドの下から出てくる隠し貯蔵キャビネット。雨水で流すトイレなど。

彼が考案したこれらの装置は、機械部品のような機能を発揮する。かくしてコルビュジエがこの住宅を"Machine à Habiter"（住むための機械）と表現したのには納得できる。彼は各々のファンクショナルな設備的エレメントによって、「小さな家」の生活空間の性能が高まり、空間利用の効率性や経済性が格段に上昇していると主張した。ここから彼の最も有名なアフォリズム、「住宅は住むための機械である」が生まれた。

さらに外部に目を向けると、コルビュジエは庭の随所に種々の仕掛けもデザインしている。そのうち最も著名なものは、敷地東端側の湖側に造られた堅牢な石積みのピクチュ

右頁｜屋上庭園も「近代建築の5原則」のひとつである
左頁｜コルビュジエが両親のためにつくったレマン湖観賞用の窓

ア・ウィンドウだ。石塀に開けられた矩形の開口部は、湖への視界を限定する。それは正に、幅一一mもあるワイドな水平連続窓へのアンチテーゼと言わんばかりの造りなのだ。

実はコルビュジエがこの家を設計した一九二三年、彼の師であったオーギュスト・ペレとの間に「窓論争」が勃発。彼のドミノ・システムから生まれた水平連続窓に対し、ペレは実用性に乏しい装飾的な窓として、コルビュジエが主張する有効性を否定した。ところがこの外部のピクチュア・ウィンドウは、逆にペレの言い分に呼応したデザインとなっているのだ。コルビュジエが師匠の意見へのオマージュとしてつくったものなのか、あるいは客船好きのコルビュジエが、四角い舷窓から自分の好きな地中海への眺望を憧憬化したものなのだろうか。

さらに外部のユニークな装置として、犬の覗き

窓がある。建設当時、まだ現在のラヴォー道路がなく単なる村道があった頃、コルビュジエは飼い犬が散歩する村人たちの顔を見てワンワンと挨拶できるよう、北側道路塀の下部に階段付きの小窓をつくった。また西側隣家との境界壁にあるキャット・ウォークの先端に、RCの小さな矩形の台をキャンティレバーでつくった。野良猫が美しい湖の景色を堪能できるようにとの配慮と聞く。

　建物の外観にもかなりの工夫が仕込まれている。内部の東側の客間から庭に出ることができるが、そこは「五原則」のひとつであるピロティとなっていて、庭へと移行する緩衝エリアである。ここのベンチで日除けや雨除けができる。屋根も「五原則」のひとつ、屋上庭園となっており断熱効果抜群。コルビュジエは、サスティナブル・デザインという言

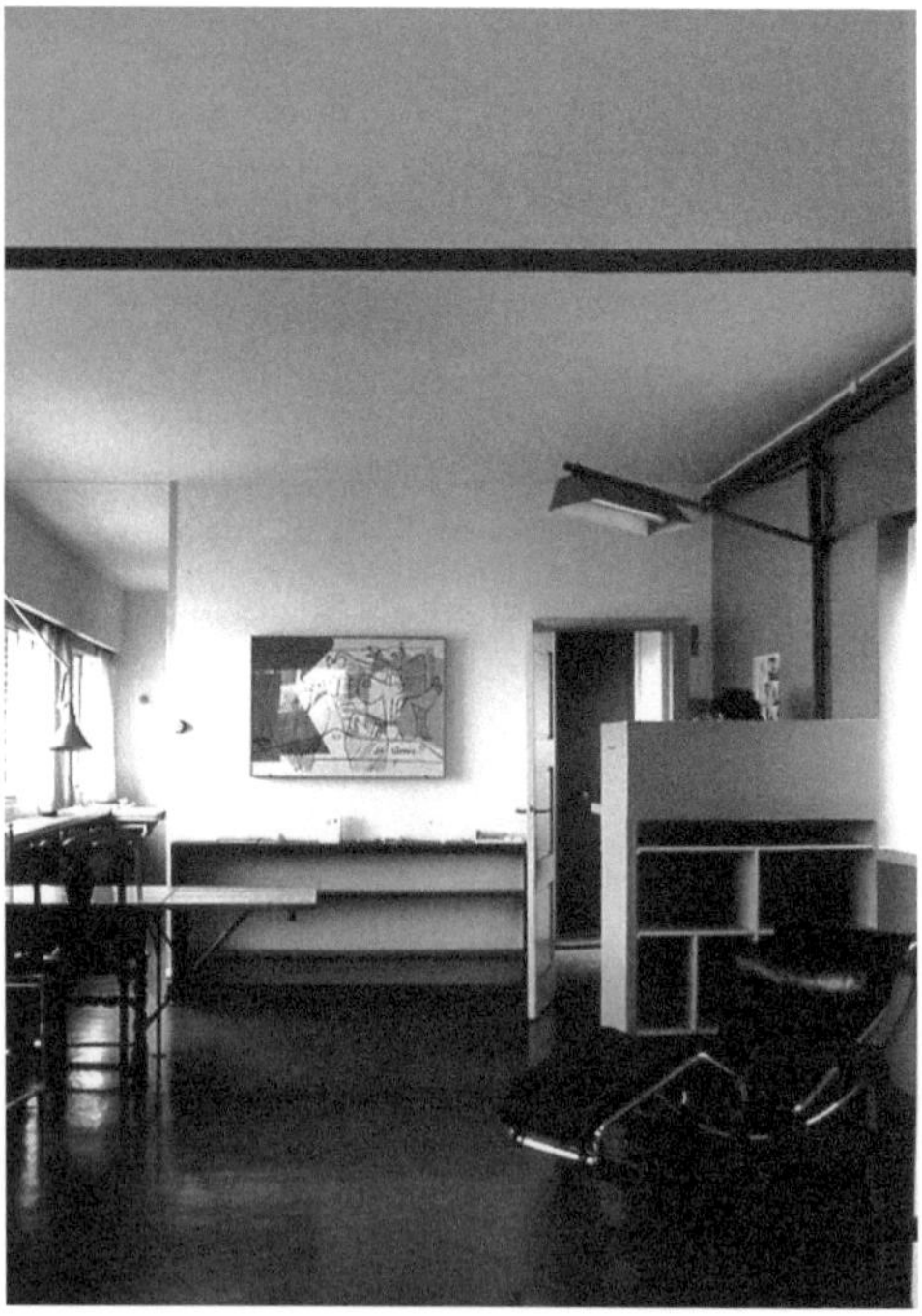

右頁右｜絵が掛かっている壁の裏側が寝室になっている
右頁左｜客室に設けられた隠し洗面器
左頁｜ダイニング・テーブル。右手の窓がレマン湖側

葉がなかった当時から、すでにこのようなエコ的実践を行っていた。雨水で流すトイレもそのひとつだ。

例えば建物の構造も、外壁は中空コンクリート・ブロック積みにホワイト・プラスター仕上げとしている。これも断熱効果抜群だ。屋根構造はコンクリート製で前述のとおり植栽を施した庭園だ。しかしコルビュジエの初期モダニスト住宅は種々の弱点も兼ね備えていた。笠木なしのパラペットから生じたひび割れた外壁、地下水による圧力でひび割れが生じた南側外壁を、コルビュジエは波形メタルで覆った。

建築とランドスケープの見事なマリアージュと言われる「小さな家」は、母国スイスのランドスケープに完成したコルビュジエの特質を反映した重要なマイルストーンと言われている。それは「住宅は住むための機械である」という、コルビュジエ最大のアフォリズムを後世に知らしめた立役者なのだ。

上｜左右の白い壁の向こう側が客室
下｜道路越しの全景

ルイス・バラガン邸

Luis Barragan House

ルイス・バラガン

Luis Barragan

メキシコ、メキシコ・シティ

1948

Luis Barragan House

Luis Barragan

Mexico City, Mexico

1948

世間から隔絶した瞑想空間

ラテン・アメリカ最大の建築家といえば、一〇四歳という長寿を全うしたブラジルの巨匠、オスカー・ニーマイヤーであるのは言を俟たない。しかしメキシコの建築家であるルイス・バラガンは彼とは違うタイプの巨匠と言えそうだ。二〇世紀ラテン・アメリカにおける最大のモダニストといえば、それはバラガンをおいて他にない。しかし彼のモダニズムはメキシカン・ローカリズムを加味して展開されたものであった。

一九〇二年、ハリスコ州グアダラハラ生まれのバラガンは、少年時代を家族の別荘であったマサミトゥラの農園で過ごし、メキシコのローカリティに十分浸って育った。各民家の上部を走る、丸太をくり抜いた樋のような水路が水を供給するローカルなシステムなどを、バラガンは「クアドラ・サン・クリストバル」や「ロス・アマンテスの噴水」に応用している。水を湛えた池も「バラガン自邸」「ラス・アルボレダス」「ギラルディ邸」「クアドラ・サン・クリストバル」「カプチン派修道院」などに使用。ま

左手のドア(車庫)からその先の壁までが自邸。どちらも黄色い

たメキシコのブーゲンビリアやジャカランダの鮮やかな花の色合いなどは、「バラガン自邸」「サテライト・シティ・タワーズ」「赤い壁」「ギラルディ邸」などに、種々の色調で表現されている。

バラガンは一九三五年に、故郷グアダラハラを去ってメキシコ・シティに移った。それ以前に彼は二回ほどヨーロッパを旅行し、多くの刺激を受けて帰国。コルビュジエからも大きな影響を受けた彼は、モダニストへの道を歩むことになる。しかしそれ以前のグダラハラで手掛けた作品は、「エフライン・ゴンザレス・ルナ邸」「クリスト邸」など、ローカルな相貌の作品が多かった。

メキシコ・シティに移ったバラガンは、一九三九年頃郊外に自邸建設のために土地を購入した。一九四八年完成の「ルイス・バラガン邸」は、閑静なタクバヤのフランシスコ・ラミレス将軍通りに面している。自邸とアトリエの双方を擁した建物は、三階建て延床面積一一一六m²という大きな住宅であった。自邸とアトリエは内部で連結されているものの、通りからのドアはそれぞれ別箇についている。シンプルな長方形プランの建物は、通りから見るとフラットな長いファサードで、わずかに大きめな格子窓とふたつの窓があるだけの素っ気ないデザインだ。

質素な玄関を入り階段を数段上がって奥へ進むと、小さなホールのような横長の空間がある。ここには左手に二階への階段があり、正面左手には電話が置かれた小さなテーブル

玄関と車庫(左)は同じ黄色で統一している

がある。電話の向きと椅子の位置は、バラガンの生存中から不変だというエピソードがあるほどの伝説的な家具配置だ。右手はリビングへ通じるが、ドアを入ると正面に仕切り壁があり、それを左折すると高さ五mの大きなリビングとなる。ひと呼吸おいて期待の空間へと導くシックな演出だ。

リビングの開口部は五mフルハイトの高さで、鬱蒼と茂る庭の緑と自然光が豊富に入ってくる。十字形にサッシュが入った窓の手前には、左手に読書台、右手にテーブル、右手の壁面にはヨーゼフ・アルバースによるイエローの正方形を描いた有名な《Formulation: Articulation》が掛けられている。この構図は「バラガン邸」の定番アングルで、バラガンの美学を開示したつとに有名なコンポジションだ。

リビングの背後にはライブラリーがあるが、ここへは仕切り壁を回って入る。ここには彼自身のデスクや本棚もあるが、道路側にある格子窓からわずかに採光するのみで暗く静かな雰囲気。読書や瞑想を好んだバラガンらしい静謐感に満ちた空間だ。さらに有名な「バラガンの階

非常にシンプルな玄関内部

段」がある。白い壁面沿いに上昇する木製キャンティレバーの手摺なしの階段だ。建築家好みのこのヴォキャブラリーはどこから来たのか。

　一九九一年一一月二〇日、僕は建築家の齋藤裕氏とバラガンの故郷グアダラハラにいた。僕は齋藤氏の著作の出版のための取材コーディネートを行っており、その日はバラガンのグアダラハラ時代の作品を取材する目的があった。現地の建築家ホワン・パロマーロ氏がバラガンの作品を管理しており、彼には昼間からビールをチェイサーにテキーラを飲むという強引な飲み方を強いられて苦しかったが、夕刻になるとバラガンのアーカイブに案内してくれた。僕はそこで大発見をした。

　そこはバラガンの死後、彼の書籍を自邸から運び込んだアーカイブになっていた。僕たちは、バラガンが日頃手にしていた本を自由に見ることができ、バラガンがフランスで買って来たであろう

コルビュジエの本を見つけた。ページを繰っていくと、赤鉛筆か赤いボールペンのようなもので、ぐるぐると円形のラインで何重にも印がつけられた箇所があった。それはコルビュジエの有名な「ベイステギ邸」の屋上の写真だった。

その写真を見ると屋上にある円筒形階段室の側面に、コンクリート製の手摺なし階段がキャンティレバーで突出していることが分かる。僕はこれを見てはたと思い当たった。「バラガン邸」の木製キャンティレバーの階段も同じように手摺がないのだ。バラガンは「ベイステギ邸」の外部階段から着想を得て、木製でデザインしたのだということが察知された。

「バラガン邸」にはアトリエがあり、リビングからもドアで通じているが、専用の玄関もある。アトリエ背後にはテキーラの壺を置いたパティオがあり、ここから「バラガン邸」の庭に入ることができる。庭からリビングの開口部を見ると、不思議なことに外部に大きなカーテンがある。内部に照明がつくと、鳥が明かりを求めて飛来し、バード・ストライクがおきるためにこのカーテンをバラガン本人が付けたという。優しい配慮だ。

一階はリビング、ライブラリー、キッチン、ダイニング、ガレージといったパブリックなスペースが占め、二階にバス・トイレ付きのベッドルームが三室ある。窓は二重で、ガラス窓の内側に十字形にカットされた四枚の板戸

右頁｜バラガン邸の有名なリビング。天井高は5mある
左頁｜リビングにある図書閲覧コーナー

があり、光量を調整できる優れものだ。バスルームに入ると、バラガンによる細やかなディテールを楽しめる。細い棚板に付けたタオル掛けや、タオル入れ戸棚の木製のノブなど、面白いデザインがある。

三階は外部テラスが大きく取られ、内部空間としてはメイド室やランドリーがある。テラスは周囲すべてがコンクリート壁で囲まれている。沈思黙考・瞑想を旨としたバラガンは、一部ジャヤカランダの花の色に塗られたこのテラスを、天空への祈りの聖域と考えていたのではなかろうか。なお、この屋上テラスには一切植樹がない。

ルイス・バラガンが一九八〇年にプリツカー賞を授与された時の受賞講演内容を、僕は友人の世界的なテキスタイル・デザイナー、シーラ・ヒックス女史から頂いた。その時同時に彼女が撮ったバラガンのポートレートも借りた。バラガンの澄んだ大きな瞳は、撮影者に真摯な眼差しを送っている。なお同名のルイス・

バラガン邸で一番有名な書斎の木造キャンティレバー階段

リビングの外側の長いカーテンはバード・ストライク予防のため

坪庭にあるテキーラの壺

カーンが「ソーク生物学研究所」をつくる時、ルイス・バラガンを呼んで「ソーク生物学研究所」の中庭に植樹すべきかを尋ねたところ、バラガンからは「ノー」という返答が帰ってきたという。こうして世界的に有名な「ソーク生物学研究所」の凛とした中庭が生まれた。

ルイス・バラガンの魅力は圧倒的だ。その人柄、その作品、その人生。それ故メキシコに惹かれ、四回ほど訪れている。バラガンの作品は、故郷グアダラハラとメキシコ・シティにあるが多くはない。僕も同じ建築を何回も訪れている。ここで読者の後学のために、知られざるバラガン作品を三点紹介しよう。ひとつは「バラガン邸」の左隣の「オルテガ邸」。バラガンは以前ここに住んでおり、後年右隣に自邸を建てて移り住んだ。また道路の向かいにある塀に囲まれた住宅は、(普段は入れない)バラガンの未発表作品。もうひとつは街中にある「パルケ・メヒコ公園の集合住宅」だ。「ルイス・バラガン邸」は二〇〇四年に世界遺産に登録された。

屋上は全て壁で囲まれ外部は見えない

ガラス窓の内側にある4枚の板戸は光量を調節する優れ物

ミューラー邸

Villa Müller

アドルフ・ロース

Adolf Loos

チェコ、プラハ
1930

Villa Müller

Adolf Loos

Prague, Czech Republic

1930

ラウムプランが具現化された住まい

周知のようにヨーロッパ近代建築において、ヴァルター・グロピウス、ミース・ファン・デル・ローエ、ル・コルビュジエらは「インターナショナル・スタイル」を推進した。そのようなモダニズム運動において大きな役割を演じた彼らに、少なからず影響を与えたのが、彼らより一世代上のアドルフ・ロースであった。

実際コルビュジエはロースに影響を受けていると公言しているし、他のモダニストたちもロースが宣言した「装飾は犯罪である」の洗礼を、多かれ少なかれ受けている。ウィーンに代表されるデカダン的な一九世紀末アールヌーヴォーの渦中にあったロースならずとも、当時のモダニストの卵たちは、二〇世紀にはやがて建築やデザインは徐々に変貌していくと薄々考えていた。そこに一九〇八年、ロースによってショッキングな宣言が発表された。

「装飾は犯罪である」と断定する極論は世界を瞠目させたが、彼はすべての装飾を否定したわけではない。ロースがよく誤解されるのはこの点で、彼は主に外観の装飾を排

道路から見上げた全景。窓の黄色いサッシュが印象的だ

除した。ここに紹介する「ミューラー邸」をご覧あれ。建物は一切の装飾を排除したシンプルな幾何学的形態をもっている。そのシンプルさ故に、当時は建築許可がなかなか下りなかったようだ。

「ミューラー邸」はチェコの首都プラハの市街地にある。ストレソヴィカ通りを見下ろす高低差一一mの北向き斜面は、一二七〇m^{2}の五角形の土地。建物は五階建てで建築面積は五五五m^{2}にも及ぶ。敷地は海抜三〇九mほどでプラハ城より高く、素晴らしい市街地の眺望を満喫できる。ロースはこうした敷地の特徴を利用し、プラハ城を望見するために、コルビュジエの「小さな家」と同じくRCの窓のようなフレームを屋上につくっている。敷地側面の公共階段は「ミューラー邸」と同時にできたが、ここを通って「ミューラー邸」にアクセスするので、ミューラー氏が公共階段に自分の土地を一部出して補助しているのだ。

「ミューラー邸」の玄関回りはイエロー・トラヴァーティンで、ドアはチーク材。玄関灯はロースによるデザイン。建物に入ると、まずフルハイトの左右両壁面が、緑色のオパーク・ガラス・タイルと、床は土色のテラッコタというもので、ポリクロームのハーモニーが強烈な印象だ。さらに玄関廊下の左手にあるラジエーターは深紅色にカラーリングされて、カラー・バランスを打ち破っている。玄関の両側には白いドアがあり、左側のそれ

右頁｜エントランス側ファサード
左頁｜玄関周りはイエロー・トラヴァーチンを使用

はレセプションルームに通じるもので、現在は受付となっている。右は家のサービス・エリアに通じる。正面奥に二階への階段がある。

「まず第一に私の建築的思考の根底にあるのは、私の建築は平面図から生み出されるものではなく、空間から生み出されるということです。私は平面図、立面図、断面図などはデザインしません。私は空間をデザインします」。ロースの有名なラウムプランに関するアフォリズムだ。ロース・デザインの中核をなすラウムプランは、空間を平面的に分割するのではなく、三次元的に高低差を変えたりしながら、上下空間の連続性を保持するものだ。

「ミューラー邸」では二階に位置するリビングが、彼のラウムプランの集大成として知られている。ウィーンのミヒャエル広場の「ロース・ハウス」にその萌芽を見たラウムプランは、「ルーファー邸」「トリスタン・ツァラ邸」などを通して「ミューラー邸」で集大

成となった。ここでは居間のほぼ全域に、豪華なチポリーノ・デ・セロン大理石（スイスのローヌ渓谷産）を張り巡らし、中二階や二階への階段側壁面を大きく開口して、わずかに二本の柱を残すだけで上階へのヴィジュアルな連続性を確保している。

居間は一一m×五・六mで高さは四・三m。ロースは二階リビングへの入口となる小振りなアルコーブ空間と、大きなリビングのスケール的コントラストを用いて、来客に驚きを与えようと試みた。しかもこの居間には一切のドアがない。一階から直角に曲がって上昇して来る狭い階段から居間に入るのもドアなしだし、中二階のダイニングへもドアなしで連続する。この開放されたリビングは、まさにラウムプランの真骨頂だ。

ロースは異常なほど洗練された色彩感覚に恵まれていたため、突拍子もない色彩を使用しても巧みなカラー・バランスを発揮することができた。居間ではチポリーノ・デ・セロン大理石の緑灰色が基本カラー。このグリーン・グレー色は、黄金色のカーテンといいバランスだ。天井は白だが、ロースがミューラー氏のコレクションから選び出したオリエンタルな五枚のカーペットと好対照をなしている。

ほとんどの居間の椅子はソリテール（一人掛け）。ロースはその時の雰囲気や調子で自分の好きな椅子を選ぶべきだと言っている。また椅子がすべて非常に低いので、部屋が大き

右頁｜居間はアドルフ・ロースが主導するラウム・プランを実践した空間
左頁｜チポリーノ・デ・セロン大理石（スイスのローヌ渓谷産）の豪華な壁

く感じられる。ふたつの装飾的なイージー・チェア（サーモン・ピンク、グリーン・グレー）は、ロースがコンサルタントをしたフリードリヒ・オットー・シュミット社のもので、ロースによるデザインと言われている。

ロースは種々の照明を使用しているが、その時のニーズやムードによって選んでいる。また大き目の天井照明は、リビング・セットが置かれた両サイドのみに配され、中央部にはメインの天井照明はなく、この巧みな照明配置も居間を広く見せている。居間中央部に到ってはテラス側の二本の柱に、ブラケット・ライトが絹のカーテンで覆われて取り付けられている程度だ。

キッチンは暗色のマホガニーの家具と格天井が特徴的だ。テーブルは直径一一〇cmの閃長岩の円形テーブルで、六人掛け。それにマホガニーの予備円形リングを付けることで、直径が一七〇cmまたは二三〇cmとなり、それぞれ一二人、一八人が座れる優れものとなる。不思議なことに、ブルノにあるミース・ファン・デル・ローエの

「トゥーゲントハット邸」のダイニングにも、この優れもののテーブルがあった。

一九三〇年二月「ミューラー邸」が完成。同年一二月一〇日、ロースは六〇歳の誕生日をここで迎えた。時の小説家や美術史家など錚々たるメンバーが集った。その後も英仏大使が訪問するなど幸先が良かったが、この家の運命は決して幸せなものではなかった。その後政体がかわり、ミューラー氏は使用人を雇えなくなるほど困窮する。そして一九五一年、彼はボイラー操作中の事故により一酸化炭素中毒で死亡するという悲惨な運命が待っていた。

「ミューラー邸」は窓枠やサッシュ、庭のベンチなども黄色だったが、訪問した時僕はたまたま黄色いセーターを内側に着ていた。そして案内してくれた大学教授の娘さんも黄色くて長いマフラーをして来た。これがいけなかった。彼女は黄色で一致したので、ベンチで一緒に写真を撮ろうと積極的に肩に手を回してきた。僕はみんなが見ているので恥ずかしかったのだが、そんな素振りが写真に出てしま

右｜中2階のダイニング・ルームへの通路
左上｜円形テーブルのあるダイニング・ルーム
左下｜ミューラー氏の書斎

明るい階段室

った。

アドルフ・ロースのホーム・グラウンドであるウィーンに行くと、彼の作品はたくさんある。曰く「シュタイナー邸」「クニッツェ洋装店」「ストラッセ邸」「ホーナー邸」「ロース・バー」(アメリカン・バー)など、彼の作品はウィーンに彩を添えている。

僕はウィーンが大好きなので何回か行ったが、必ず「ロース・バー」に寄る。神秘的な雰囲気がたまらない。まずコープ・ヒンメルブラウ設計のシャンパン・バー「ライス・バー」に寄り、その後にハシゴして「ロース・バー」に行くのが常套手段だ。余談だが、同様にニューヨークにいくと、ミース・ファン・デル・ローエ設計の「シーグラム・ビル」二階のフィリップ・ジョンソンが設計した「フォーシーズンス・バー」(今はない)に必ず行っていた。パーク・アヴェニューを見ながらの一杯は格別のうまさ!

屋上からはプラハの市街が展望できる

Casa Mila
Antonio Gaudi

Barcelona, Spain
1907

うねる壁面をもつモデルニスモ建築

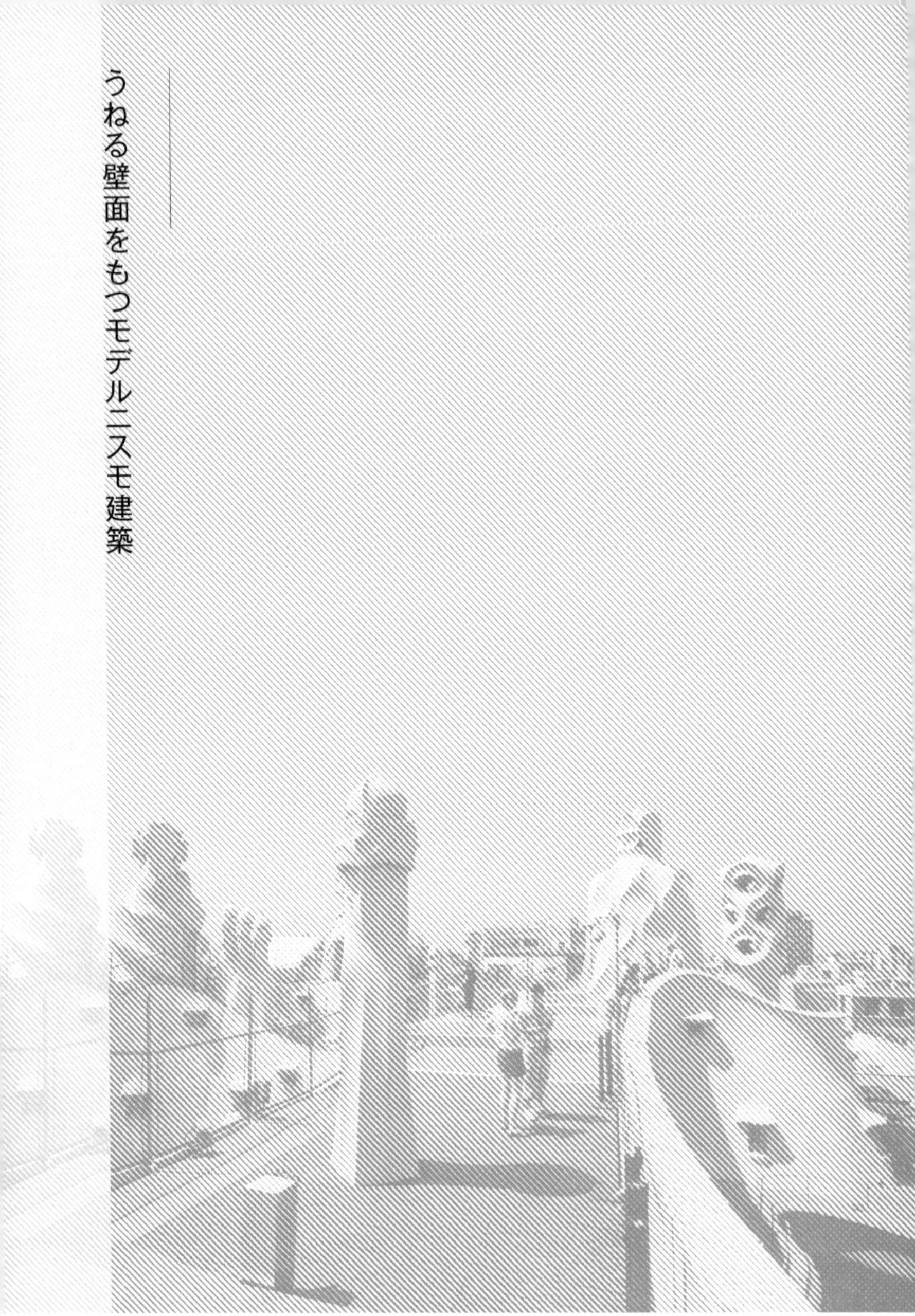

「サグラダ・ファミリア」といえば、建築に関心のある人以外にも広く知られている世界的建築である。設計者のアントニオ・ガウディといえば、これもまた知らない人はいないくらい世界的に有名な建築家である。「カサ・ミラ」は、その他のガウディ作品である「サグラダ・ファミリア」「グエル公園」「カサ・バトリョ」「サンタ・テレサ学院」「コロニア・グエル地下教会聖堂」などと同様、屈指のガウディ作品として知られている。

スペイン地中海の要衝として古くから栄えたバルセロナ。今日スペイン最大の商工業都市として栄華を誇るこのカタロニアの成都は、建築家ガウディなくしては語ることができない芸術的風土をもっている。さらにガウディ以外にも、美術家であるジョアン・ミロ、サルヴァトーレ・ダリ、アントニ・タピエス、チェリストのパブロ・カザルス、建築家ホセ・ルイ・セルトなど、カタロニアが輩出した世界的なアーティストの顔ぶれからしても、バルセロナの高度な芸術性は容易に窺い知れる。実際にバルセロナは街全体が

スペイン・モデルニスモ建築の偉容

芸術作品のような都市だ。町並みを形成するゴシック建築群の中に散在するガウディ作品がそれを雄弁に物語っている。

「カサ・ミラ」はスペイン・バルセロナのグラシア通りとプロベンザ通りの角にあるモデルニスモ・スタイルの建築で、フランス語でいうアールヌーヴォー（独語でユーゲントシュティール）建築のことである。ガウディ建築は曲線の美学をまとったものが多いが、これは彼が造形や構造の美学は自然の中に存在すると信じていたからである。それは「直線は人間のものであり、曲線は神のものである」という彼の言葉に現れている。

裕福なバルセロナの実業家、ペドロ・ミラは、ガウディの「カサ・バトリョ」にいたく刺激され、グラシア通りの斜め向かいにある交差点の角地にアパートメント・ビルの設計を依頼した。「カサ・ミラ」はミラ氏の私邸を含む集合住宅で、ガウディにとっては最後の個人プロジェクトであった。これ以後ガウディは「サグラダ・ファミリア」建設へ献身的努力を傾注することになった。

右頁｜うねる側面の外壁
左頁右｜1階のパティオ（中庭）への門扉
左頁左｜中庭から見上げる

一九九〇年に「カサ・ミラ」をある書籍の取材で訪問したことがある。当時は下層階にはコーヒー・ショップ、バー、ファッション・ショップ、診療所、予備校、オフィス、ギャラリーなどがあり、観光客以外もかなりのひとが押し寄せ、賑わっていた。バルセロナの銀行、カイシャ・デ・カタルニア銀行の財団が建物のオーナーになってから、個人住居が一五世帯にまで減ったと当時聞いていたが、実際に訪問した頃にはわずか四世帯になっていた。

元々一階にはオフィスまたは店舗が入り、二階がオーナーの住居、三階以上が賃貸住宅という構成であった。ふたつの楕円形のパティオを中心に各階に四戸あり、一戸当たり四〇〇m^2という広さをもつ豪華アパートだった。しかも床・壁・天井や、外部から内部までが一体となった有機的な造りだ。ガウディは図面なしで石膏模型を大工に見せてつくったという。現場でのガウディの荒い息遣いが聞こえてきそうな空間である。

ミラ氏から依頼されたガウディは、色彩を抑えたうえに「カサ・バトリョ」より遥かに型破りの建築をデザインした。直線を一本も使用しないというスタイルで、伝統建築を打ち破った。耐力壁を使用せず、柱とアーチで支持している建築だ。さらにスティールを使用することで、ガウディはまったく定型をもたない平面形を創造することができた。柱や天井の高さも異なる。

全てのアパートメントに自然光を導入するために、各住戸は楕円形の中庭に面すると同時に、外周のバルコニーからの両面採光を可能にしている。

「カサ・ミラ」で一番迫力あるデザインは屋上にある。そこには摩訶不思議な世界が展開されている。多数のカラフルなチムニー（排煙塔）がニョキニョキ立ち上がっている。奇怪なそれらの表情は、ローマ時代の兵士の兜や、SFシネマに登場する戦士のようで、屋上全体がシュールな映画シーンの如き様相を呈している。僕はかつてこの屋上テラスをスケッチしたことがある。ここからは「サグラダ・ファミリア」も見晴らすことができる。

「カサ・ミラ」の分厚い石造りの壁は地中海の波を参照したと言われるように、うねった表情を見せている。さらにゴツゴツした外壁は、穴（窓）の開いた石切場のようだということから、地元では「ラ・ペドレラ（石切場）」と呼ばれている。うねるバルコニーの手摺は、ジョセフ・マリア・フホルによる、正にモデルニスモ建築のエッセンスを表現したデザインだ。蔦が絡み合ったようないわゆるアールヌーヴォー・デザインである。

また最上階にあるアティック（屋根裏）は、ガウディ作品が写真パネルとスケール・モデルで展示された博物館となっている。ガウディが設計段階でインスピレーションを受けた動植物なども展示されている。特に注目すべきは、ガウディが「サグラダ・ファミリ

右頁｜バルコニーの手摺はジョセフ・マリア・フホルによるデザイン
左頁右｜アティックの博物館にあるガウディのカテナリー曲線の展示模型
左頁左｜最上階にあるアティックの通路

ア」の設計に使用したカテナリー曲線の模型も鑑賞できることだ。ガウディはこれによりコンピュータと同レベルの精密な設計をすることができたと言われている。正にガウディ・マシーンと言うに相応しい彼の創造であった。

一九九〇年に訪問したのは、ここに住みバルセロナで舞台アーティストとして活躍するクレメンティーナ女史にインタビューをするためであった。訪問した日はちょうど改修の真っ盛り。友人たちの応援により広い居間の壁を塗り替えていた。クレメンティーナ家は玄関を入るとすぐ居間があるが、正面に目隠しの壁があった。テラスは大きくうねり、その手摺りは銅細工人の息子であったガウディらしく蔦が茂るようなデザインだ。

彼女の居間の高い天井には"Modestia Olorosa"（控えめな香り）というガウディが聖書から引用した祈りの言葉が記されていた。彼女はこの言葉が気に入ってよく口ずさんでいると言っていた。ガウディにぞっこんの彼女は、住人がどんなに減っても自分は出て行かないと言っていた。繰り

返しになるが、その当時すでに四家族しか住んでいなかった。これは今から三〇年ほど前の話だが、今クレメンティーナ家はどうなったのだろうか、気になっている。

その後バルセロナには、ガウディ建築ツアーを企画して訪問し二十数件の作品を見学。バルセロナは近・現代建築も豊富で、ミース・ファン・デル・ローエの「バルセロナ・パビリオン」を筆頭に、磯崎新の「サンジョルディ・パレス」、ジャン・ヌーヴェルの「アグバール・タワー」、ヘルツォーク&ド・ムーロンの「バルセロナ・フォーラム」などがあり何回か行ったが、記憶に一番残っているのはバル（バー）だ。とある男性のガイドさんの時にバルを徹底的に教え込まれ、その醍醐味に感動した。またマジョルカ島にまで渡ってガウディの「パルマ大聖堂」の改修を見学した。その晩は美しい満月で参加者たちと飲んだ記憶に思いを馳せると、じわっとノスタルジックな気分が込み上げてきて、遠い日の思い出に浸れて幸せになる。

右頁｜カサ・ミラで一番魅力的なのは怪奇幻想的なチムニーがある屋上かもしれない
左頁上｜屋上から中庭を見下ろす
左頁下｜屋上の通路からガウディの「サグラダ・ファミリア」が遠望できる

チャールズ・ムーア邸（シーランチ・コンドミニアム）

Charles Moore House (Sea Ranch Condominium)

チャールズ・ムーア（MLTW）

Charles Moore（MLTW）

1965

アメリカ、カリフォルニア州ソノマ郡

Charles Moore House (Sea Ranch Condominium)

Charles Moore (MLTW)

Sonoma County, California, USA

1965

09

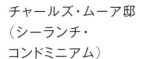

怒涛逆まく断崖の隠れ家

カリフォルニア州ソノマ郡の太平洋岸は、ゴツゴツとした荒々しい岩肌を剥き出しにした断崖。逆巻く怒涛の太平洋が強烈な荒波を打ち寄せる野性味溢れるコーストラインで、崖から内陸へと続く草原が緩やかに上昇して道路に至り、さらにそれに続く傾斜した背後の山々があるというワイルドな自然のランドスケープが魅力的だ。

自然に対し直に向き合ったムーアは、そのままの自然との共存・共生を考慮した住宅の開発を試みた。建物は近隣の山並みの傾斜や、この地方特有のバーン（納屋）やファーム・ハウス（農家）のフォルムを参照したシャープな片流れの屋根形が特徴だ。さらに無塗装のアメリカ杉による縦形のサイディングによって、ソノマ郡のローカルなコンテクストに見事に溶け込んでいる。

一〇戸を内包するこのコンドミニアムは、ふたつの中庭を取り囲んで海風を避け、太陽を取り込み、各住戸は野生的な海へのスペクタキュラーな眺望を獲得している。一〇戸のコミュニティはひとつの建築として構築さ

海に面した荒々しい断崖上に座したシーランチ・コンドミニアム

れ、外壁にはマリオンなどが一切ないシンプルなベイ・ウィンドウを随所に配している。また風が強いため外周には庇や鼻隠しのような突起物すべてをなくしている。

各住戸の基本構成は、約七・二m四方の高い吹抜け空間に片流れの傾斜屋根をかけたもの。「住まいはそれを使う人々にとって、宇宙の中心的存在であるべきである」と言うムーアは、その中に彼が「エディキュラ」(小神殿)と呼ぶ、独立した四本の柱で限定された宗教的・礼拝的小空間をフォーカス・ポイントとしてデザインした。上部にキャノピーを擁したこの部分の二階レベルは、空中に浮くフライング・ベッドルームとなっている。エディキュラを配するとは、ポストモダンの巨匠らしく古典への傾注が窺われて納得だった。

「チャールズ・ムーアの作品には、ミース・ファン・デル・ローエの理想化された建築には欠けているヒューマニズムがある」とはよく言われる。人間の固有の願望や反応に深い関心を抱いていたのがムーアだ。ムーアの

アプローチから見たコンドミニアム全景

それは、経験や存在に根ざしている。建築における人間は点景ではなく、まさにその中心である。その空間は明白であり、独自のものであり、それゆえ明瞭な領域を必要とする。ムーアのデザインにおいては、これらの領域はエディキュラを中心にした繋がりによって最も巧みに展開されてきた。

さらに「ムーア邸」では、居間の西側コーナー部に長い出窓がL字形に配されている。ここはソラリウム（日光浴室）でもあり、また、デイ・ベッドになるくらいの幅と長さがある。広い窓からは野性味溢れる海に向けてのワイドな眺望が圧巻だ。各住戸は比較的開口部を控え目にして、厳しい気候から内部空間を守っている。開口部はトップライトとこの出窓部分ぐらいのわずかなものだが、おそらくムーアはこのデイ・ベッドで、海を見ながらひねもすノラリクラリしていたのではないだろうか。

「ムーア邸」は、西側で海が一番深い湾となって陸地に切り込んでいる場所に近接しているため、迫力ある荒

左手の入口より敷地に入ると車庫がある建物に囲まれた広場となる

海を間近に観賞し満喫することができる。それぞれの住戸は、中庭を囲んで緊密に連結されている。建物の外観はガラスの出窓に加えて、テラス、デッキ、壁で囲まれた庭などを装備している。建物は大学での風洞実験により、中庭と庭への強い海風の影響が極めて少ないことを確認したという念の入れようだ。

もともとこの辺りのランドスケープは羊の牧場となっており、その五〇〇〇エーカーにおよぶ土地を施主が購入した。カリフォルニアの海岸線に一四マイルに渡って延びる巨大な敷地に沿った道路は、サンフランシスコに至る高速道路一号線に通じている。道路の東側の丘はレッド・ウッド（アメリカ杉）やビショップ・パイン（ビショップ松）で覆われている。

道路の海側ランドスケープは海に向かって傾斜する草原で、散在する糸杉の群れに時折視界が遮られ、急に険しい断崖となって海に落ちる。崖下の海には荒波が砕け、自然の力強さを感じずにはいられない。気候は気まぐれで海風は常に強く、涼しい霧が頻繁にでる。だがこのカリフォルニア北岸の野生的な美しさは、それを愛する人々にとっては格別の魅力を秘めているようだ。

ムーアが依頼されたのは、こうした敷地の詩的なイメージを壊すことなく、コンドミニアムのウィークエンド・ハウスを設計することであった。道路と海の間にある三五エーカーの傾斜地に一〇戸をひとつの群として計画し、周囲は自然のままの草原

として開放している。「シーランチ・コンドミニアム」は最初の群として造られ、後続計画のモデル・ケースとなっている。

ポストモダンの巨匠と言われたチャールズ・ムーアの傑作「シーランチ・コンドミニアム」は、太平洋に面したカリフォルニア州ソノマ郡という遠く人里離れたところにあり、そこはサンフランシスコのダウンタウンから北方向へ一八〇km も離れた太平洋岸である。フランク・ロイド・ライトの「落水荘」を始め、コルビュジエの「カルチェット邸」や「キャバノン」など、建築の秀作は遠く離れた辺境に存在することが多いというジンクスどおり、これもそのひとつだ。何しろ建築一件を見学するのに一日がかりという長途の旅になるのだ。

現在は敷地から少し離れたところに訪問者のための二〇室&プール付きの「シーランチ・ロッジ」があり、テニスやゴルフも楽しめる。予約すれば「シーランチ・コンドミニアム」を見学することも可能だ。現在はムーアのオリジナル・バージョンに合わせた二〇〇〇戸が、同じ敷地の延長上に完成している。片流れの傾斜屋根が輻輳する集合体は、直線的でシャープな幾何学的形態で自然のトポグラフィーと見事な融合を見せている。それは二〇世紀集合住宅における、数少ない不朽の名作と言える。

「シーランチ・ロッジ」にはホテルがあり、そこにはレストラン、カフェ、郵便局、お土産ショップなどが併設されていた。そこでいい土産を見つけた。花瓶なのだが、

右頁右｜ふたつ目の広場。
右手に下っていくと海が見える
右頁左｜建物は海に向かって傾斜している
左頁｜チャールズ・ムーア邸の玄関ポーチ

一見して細長いお銚子として使えると思ったのだ。実際お銚子の倍以上入るので、事務所に友達が来た時はこれでグイグイ飲ませることにしている。今もデスクの上で鎮座している。

「シーランチ・コンドミニアム」へはサンフランシスコ・ダウンタウンから車で三時間半かかる。まずゴールデンゲート・ブリッジを渡り、ナパ・ヴァレーに行き、フランク・ロイド・ライト設計の「マリン郡庁舎」の前を通り、その後太平洋側に出て海沿いの道を走る。二〇〇七年四月に行った時は、予約を忘れて行ったので最初管理人のシンディー氏に見学を断られた。ところが参加者の中に拙著『アメリカ建築案内』の一巻目をもってきた人がおり、「シーランチ・コンドミニアム」のページを彼

右頁｜デイ・ベッドのある窓から見晴らすワイドな太平洋は圧巻の眺望
左頁上｜ムーア邸のリビング・ルーム
左頁下｜2階にあるフライング・ベッドルーム

女に見せると感激してくれたので、後日贈呈しますと言うと、彼女は内部の見学を許可してくれたのだ。

ムーアは一九九三年に他界しているがその数年前に来日している。その際には、建築家の故・石井和紘氏がムーアと僕を車に乗せてくれて、GAギャラリーの二川幸夫氏と会った。なぜそうなったかは今もって分からないが、二川氏とムーアは親しい間柄だったようだ。その時のムーアは背の高い温厚な感じの人柄だった記憶がある。

「シーランチ・ロッジ」で買った花瓶を見るたびに、チャールズ・ムーアと「シーランチ・コンドミニアム」を思い出している。

シーランチ・ロッジには店舗、レストラン、ホテルがある

落水荘

Fallingwater

フランク・ロイド・ライト

Frank Lloyd Wright

アメリカ、ペンシルヴァニア州ピッツバーグ
1936

Fallingwater
Frank Lloyd Wright

Pittsburgh, Pennsylvania, USA

1936

フォーリングウォーター

フランク・ロイド・ライトといえば、日本では「帝国ホテル」や「自由学園明日館」を設計したアメリカの巨匠建築家であることは、広く知られている。またニューヨークの「グッゲンハイム美術館」やピッツバーグの「落水荘」は、おそらく世界の建築史上で最も知られている建築と言っても過言ではないだろう。

ライトは四〇〇作品以上も設計した二〇世紀最大の建築家である。上述した超有名作品の他にも、「ライト自邸&オフィス」を始め、「ロビー邸」「ユニティ・テンプル」「ジョンソン・ワックス本社ビル」「タリアセン・ウエスト」など話題の作品が多数ある。中でも「タリアセン・ウエスト」は、ウィスコンシン州の事務所である「タリアセン・イースト」から、冬だけ暖かいところに移すという贅沢なアリゾナの基地なのだ。

世界の住宅建築史上の金字塔とも言うべき「落水荘」(別名「カウフマン邸」)の魅力は、敷地ランドスケープの美しさにも負っていると言える。ベア・ラン川の滝の上部にキャンティレバーで張り出した住宅形態と、周囲の緑、川、滝、岩などとの見事なマッチングが素晴らしい。加えてライトの入念なデザインが、空間作りからディテールに至るまで引き締まった住宅を完成させた。これはライトが

河原に降りて撮影した貴重な1枚。今は河原に降りることはできない

有機的建築を志向していたことが効いていると思われる。

建物は一九三五年、ピッツバーグ最大のデパートを経営するエドガー・J・カウフマン家族のために設計された。元々この敷地はカウフマン家が所有しており、週末や夏休みを家族で過ごすためのものであった。カウフマン家の息子は一時期ライトのタリアセンで勉強しており、これが縁となってライトが設計することになった。

ライトは敷地を訪れて、ベア・ランのランドスケープの魅力の虜になった。熟成した森林の美しさを始め、マッシブな砂

岩の巨岩類、野生の水流、ツツジ、月桂樹、アパラチアの野生植物などの下層植生などに心を奪われた。中でも決定的だったのは滝だった。カウフマン家の人たちは、別荘の敷地としてこの滝の周囲を望んでいた。そこでライトは別荘自体を滝の上につくることを提案した。カウフマン家の人々は驚いたものの、大した変更もなく受け入れられた。

一九三六年に完成した「落水荘」はゲストハウスとメイドルームを含み、同地から出土した砂岩を現地の職人が積み上げて完成した。石積みの支柱が、キ

右頁｜落水荘が一番美しく見える定番アングル
左頁上｜ベア・ラン川の橋の上から撮った水平性を強調したデザイン
左頁下｜道路に架かったトレリス・ビームの左下の暗部が玄関

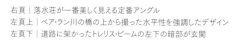

ャンティレバーで川の上部に突出したRC造のテラス群を支持している。「落水荘」の特徴ある外観の主役が、輻輳するこれらの水平性を強調したテラス群だ。

建物へは坂道を下り、橋を渡って反対側にある玄関へとアクセスする。玄関前の道路上部には、建物から反対側の丘に向けてRCのトレリス・ビームが渡され、屋根付きの車寄せを形成している。その上にはゲストハウスに行くための渡り廊下が渡されている。

ガラス張りの玄関ドアからリビングに入ると、明るいワイドな空間が展開する。床は敷石を張り巡らせ、右手には自然石が顔を出している暖炉。正面はワイドなガラス開口部。その右手からテラスへと出ることができる。砂岩の敷石には少し凹凸があってちょっと歩きにくい。

暖炉が住空間における中心であることは、ルイス・カーンも言及しているが、ライトも同様の思想の持ち主だ。暖炉の横には不思議な鉄球が吊られている。以前から気になっていたので、ある時ガイドに聞いてみた。それはライトの創案したワインを温める球形アイアン・ケトルだったのだが、カウフマンJr.の話によれば、今までに一度しか使用してい

右頁｜意外なことに小さな玄関入口
左頁｜広いリビング。当時では珍しい蛍光灯が使用されている

ないということであった。だがこれはアイキャッチとして、人々の注意を暖炉に引き寄せているそうだ。

リビング中央部をやや外れた位置に独立した柱が立っており、そこにパートナーズ・デスクがある。その背後にガラス張りのハッチがあり、上部のテレスコピック（入れ子式）・スライディング・ドアを開けると、川面に通じる階段がある。これを下ると、ほとばしる流れと住み手の物理的なコネクションが可能になる。実際にはハッチを開け放しておくと、ベア・ラン川の音、匂い、冷たい空気が吹き上がって来て、内部の人たちはリフレッシュされるという心憎い仕掛けなのだ。

ライトはまた「落水荘」の基本的な建築モチーフを家具デザインにインテグレートさせ、構造的テーマを表現したりして、リズミカルでハーモニーの取れたインテリアを演出した。彼による四つのテーマがある。アース・ラインとしての水平性。建築の自由と広さを表現するキャンティレバー。滝を反映したカスケード。変化や調和の緩やかなカーブとしてのセミサークル。以上のテーマは、先述のパートナーズ・デスク

部分に具現化されている。このデスク回りは、リビング空間における多数のエレメントに統一感を与える視覚的中心となっている。

照明はすべて蛍光灯の間接照明で、ペリメーター部分の造り付けソファの背後や、天井面ではモスリンを張ったスクリーンの背後に隠されている。当時蛍光灯は静かで連続的な照明を可能とし、黄土色のインテリアに温もりを与えるものだった。一九三〇年代に「落水荘」に蛍光灯を使用したということは、住宅への応用としては非常に早いということになる。これはカウフマン氏の希望によるものであった。

「落水荘」には主屋に四室、ゲストハウスに一室の計五つのベッドルームがある。いずれもバスルームとテラス付きの豪華なもの。さらにワードローブを始め、ビルトインのヘッドボード＋独立式のベッド、ライティング・デスクがある。寝室はすべて小さめにデザインされている。というのも、寝室はテラスへの控え室というコンセプトに基づ

3階書斎の有名なデスク。4分の1円形にカットされたデスク

いているからだ。その結果、全体ではより広いスペースを構成している。

「落水荘」の構成としては、リビングの上の二階にマスター・ベッドルーム、カウフマン氏のドレッシングルーム、ゲストルームがある。主寝室には一番広いテラスが用意されており、ここからは川の上流、すぐ下の滝、そして下流へと流れ去るベア・ラン川の全体像をエンジョイできる。最上階の三階にはカウフマン氏の書斎とベッドルームがある。書斎には、四分の一円形にカットされたデスクに沿って九〇度に開口し、涼風を呼び込む有名な窓がある。

ゲストハウスは二階のブリッジを渡り、段状のキャノピーがある通路を上がってアプローチする。内部はリビング、ベッドルーム、バスルームからなり、特にリビングの開口部は、ベッドにもなる幅広のソファの背後に大きく取られ、大量の自然光を導入している。暖炉には水平な縞模様がたくさん入った非常に幅の広い石を使用している。

外部にはプールを始め、ジャック・リプシッツ、ピータ

ゲスト・ハウスの外観

ー・ヴォーコス、リッチモンド・バルテ、ジョセフ・ゴトー、マルドリーノ・マガーニャのアート作品が配され、リッチな外部空間が構成されている。「落水荘」は全体的にカウフマン氏の洗練された感覚で選択された一級のアート作品に満ちて、文化的香りが充満する個人美術館とも言えそうだ。

「落水荘」には三回行ったが、一回目の機会は一九八一年の建築家の故・宮脇壇氏が講師の建築ツアーだった。帰りにお土産ショップに寄った。ここにはいろいろなお土産品があるが、いいものを見つけた。小さな四角い木製の台に回転するアームが付いている。アームをぐるぐる回すと、持ち手部分が楕円軌道を描くという幾何学的で知的な気分に浸ることができる代物。自分が世界の著名建築で買い集めてきたお土産では、ベスト3に入る逸品だ。時々回して楽しんでいる。

ここではもうひとつ素晴らしいお土産がある。今は禁止されているが、この頃は自由に河原に降りることができた。そこで石をひとつ拾ってきた。僕の著名建築でのストーン・コレクションはその後増え続け、今や数百個に及んでいる。

リビングからテラスへの出口

キャンテイレバーで川の上に張り出たテラスを見る

ファンズワース邸

Farnsworth House

ルートヴィヒ・ミース・ファン・デル・ローエ

Ludwig Mies van der Rohe

アメリカ、イリノイ州シカゴ
1951

Farnsworth House
Ludwig Mies van der Rohe

Chicago, Illinois, USA
1951

メタフィジカル・ビューティに満ちた空間

現代建築に多大な影響を与えた近代建築の巨匠たちには、国会議員のように世襲というケースは少ない。近代建築の四大巨匠と言われるフランク・ロイド・ライト、ヴァルター・グロピウス、ミース・ファン・デル・ローエ、ル・コルビュジエの中で、父親が建築家だったグロピウスだけが職業を継いだ。ライトの親は牧師、ミースの親は石屋、コルビュジエの親は時計職人。ミースの場合は、若い頃親の仕事を手伝ったこともあったが継ぐことはなかった。

ミースは製図工としての教育をうけ、漆喰装飾のデザイナーとなった。この点はコルビュジエにも似ている。コルビュジエには時計に装飾を施す経験があり、これは後世「ロンシャンの教会」という有機的な建築を生み出した遠因と言われている。しかしミースの場合、そうした装飾デザインの体験はそれ以後影をひそめ、徹底的に直線志向の厳格なインターナショナル・スタイルを追求していった。

「ファンズワース邸」はシカゴ南西部九〇kmほどのプレイノウにあるウィークエンド・ハウス。フォックス川沿いの、当初は七エーカー（約二万八〇〇〇m²）という緑豊かな広い敷地に完成した。クライアントであるエディス・ファンズワース女史は、当時のシカゴ界隈では著名な腎臓専門医。週末には自分の趣味であるヴァイオリンを弾いたり、詩を訳したり、自然を観賞したりすることなどに明け暮れていた。なおエディスは、後年邸宅を売却する前に、最初の七エーカーに加え、周囲の土地五五エーカーを買い足していた。

ミースとエディスは一九四五年に開かれたとあるパーティで知り合い、彼女はミースに別荘の計画をもちかけたという。裕福で聡明な彼女は、ミースに時代の先端をいくような特別な住宅を頼んだ。ミースはこの仕事を建築家として、また同時に施工者としても請け負うことにした。おそらく正確な施工監理を意図したからであろう。

　敷地には黒カエデの大木があり、紅葉シーズンには眩いばかりのゴールドに輝き、白い住宅とは素晴らしいハーモニーを奏でるのであった（現在は枯れて除去されている）。ガラスと鉄で構成された広さ一四〇m^2の「ユニヴァーサル・ス

右頁上｜正面からの全景。正面中央の黒カエデの大木は枯れて撤去された
右頁下｜前面にあるフォックス川の氾濫に備えて1.6mの高床としている
左頁｜鬱蒼とした緑に囲まれた白亜の天使のごときエレガントな存在

ペース」はシンプルな長方形プランの平屋で、地上より一・六mほどの高床となっている。近隣のフォックス川の洪水を想定して八本のH形鋼で軽やかに浮く形態は機能的な理由から派生したものだが、この住宅のデザイン美学に一役買っている。石屋の息子ミースは「バルセロナ・パビリオン」や「トゥーゲントハット邸」で多用したトラヴァーティンが好きで、内部に多用している。

「ファンズワース邸」にはメイン構造となっている八本のH形鋼のうち、六本で構成されている主屋、二本で支持されているデッキ、さらにその前方の低い位置に六本

で支持されたアウトドアのテラスがあり、これら三つのエレメントが絶妙な大きさと位置関係で配されている。主屋とデッキは床と屋根の二枚のスラブに挟まれ東西軸に沿って置かれている。

「ファンズワース邸」の基本モジュールは、床に敷かれた二四インチ×三三インチのトラヴァーティンのサイズだ。主屋とデッキは、このトラヴァーティンの長辺を八枚つなげて構成した柱間スパンが三つと、さらに二枚分をキャンティレバーで東西両端に張り出した長さとなっている。テラスの大きさは二スパン+同じキャンティレバーである。このテラスがデッキより西側へトラヴァーティン八枚分突出した非対称的な配置は、ミースが信奉するドイツ新古典主義の巨匠、カール・フリードリヒ・シンケルの特徴である非対称性が匂う絶妙なプロポーションと配置だ。

テラスは地表より四段の階段で上昇し、さらに五段の階段でデッキへと至る。五段目はデッキと面一で、踏面がワイドになっている。エディスはフォックス川の蚊に悩まされたので、一九四七年のMoMA展での模型に採用されていたデッキを覆うブロンズ・スクリーンをミースの所員に作らせた。五段目の踏面が広くないとスクリーンのドアから入りにくいからだ。ミースはこのスクリーンを歯がゆく思っていた。

「ファンズワース邸」最大の秘密はワイド・フランジ鋼の柱がどのようにして建物やテラスを支持しているかにある。ミースは内部に柱が出るのを嫌い外部に出した。

妻側からの全景。建物は8本のH鋼で浮いている

テラスからトラヴァーチンの階段でエントランス・デッキに至る

建物に接する広いフランジ面に穴を開け、躯体側にある同サイズの円形突起を嵌め込み熔接したのだ。組み立て後柱を研磨し純白のペンキを塗っているが、ガイドさんの指示する箇所を見るとその部分が分かるのだ。ミースのアフォリズム「神は細部に宿る」はけだし名言だ。

ミースの微に細を穿ったデザインはエントランス・ドアの位置からも分かる。多くの図面が西側ガラス壁面の中央にそのドアを描いているのは間違いで、彼はトラヴァーティンの半分の長さだけ微妙に南側にずらしている。それは、中に入った時に訪問者の目を広い居間側に向けさせることができるからと同時に、左手のダイニング・エリアをわずかに広くしているからだ。

内部については、中心より少し北東側に寄ったところにプリマヴェラの板を張ったコアがある。この中には東西側にそれぞれ浴室とユーティリティが配されている。北側には長いキッチンがあるのだが、なんとそのステンレス製カウンタートップは継ぎ目なしで五mもある世界

後ろ側からの全景。左手の木製部分はキッチン

最大級の幅の贅沢な住宅用キッチンだ。コアの南側はリビング。下部に暖炉を擁したプリマヴェラのコアは、一見上部は戸棚のように見えるが単なる壁面で、内部はキッチン側の設備や二つの浴室やユーティリティが入っている。高床式のこの住宅の電気や水道などのライフラインは、縁の下にある太いスティール製のシリンダーで内部に導入されているということを、ガイドさんが教えてくれた。

ミースは一九四七年に工事をスタートさせたかったが、エディスが叔母からの財産相続を終わらせる一九四九年まで実際にはスタートできなかった。普通の関係でなかったミースと彼女は施工費の高騰により仲が悪くなり、訴訟になってミースが勝訴した話は有名だ。ミースは一九六九年に他界したが、彼女はその後この自邸に二一年間住み、一九七二年にイギリス人のパランボ卿に売却して、イタリアの別荘へと隠居した。

パランボ卿はエアコンを入れ、エディスが作らせたデッキのスクリーンを除去。アートのコレクターであった彼は内部に彫刻は置いたが、ミースの忠告に従ってプリマヴェラ張りのコア部分には一切絵画を掛けなかった。ミースは自身の建築の内部にアート作品を置かせないことで有名だ。「バルセロナ・パビリオン」のゲオルグ・コルベの裸婦像や、「ト

右頁｜長さ5m近くもあるカウンター・トップ
左頁上｜フルハイトのガラス開口部により自然光が充満する
左頁下｜全面ガラス張りのワン・ルーム。右手にフォックス川が見える

ウーゲントハット邸」のヴィルヘルム・レームブルックの彫刻は許したが、「ファンズワース邸」には何も置かなかった。有名な“Less is more”の美学を徹底していた。

最もピュアな形態でシンプルさのエッセンスを追求したこの住宅は、竣工当時著名雑誌『ハウス・ビューティフル』の「次世代アメリカへの脅威」という記事で非難された。またミースがアメリカ移住当時は仲の良かったフランク・ロイド・ライトまでが、「全体主義的なバウハウスからの建築家たちは、アメリカでも全体主義的な作品をつくっている」と誹謗した。だが、現代の評論家ケネス・フランプトンからは、それはこの世のものとも思えぬ「メタフィジカル・ビューティ」（形而上学的美しさ）と評され、近代建築の巨匠たちによる住宅群の中では燦然たる輝きを放っている。

「ファンズワース邸」は建物に加えてお土産ショップも面白い。行くたびに買うのはTシャツだが、講演会での建築クイズの賞品としたので、今は手元に一枚しかない。その他「ファンズワース邸」で使用されているトラヴァーティンのコースターがある。これを使用してバカラのグラスなどでウイスキーを飲むと、正に「メタフィジカル・テイスト」とも言える最高の味を楽しむことができる。

玄関の反対側にある寝室

Villa Savoye
Le Corbusier

Poissy, France
1931

コルビュジエ・ヴォキャブラリーの高密度集合体

二〇世紀建築の巨匠のひとりとして揺るぎなき地位を築いた不世出の建築家ル・コルビュジエ。彼の作品群の中でも、一頭地を抜く輝きを放っているのが「サヴォア邸」だ。コルビュジエの白の時代を代表する作品として著名な「サヴォア邸」は、彼の新しいデザイン・ヴォキャブラリーが凝縮された名作である。

「サヴォア邸」には彼が定義した「近代建築の五原則」と呼ばれるデザインが実現されている。曰くピロティ、屋上庭園、自由な立面、自由な平面、水平連続窓がそれである。さらにここでは彼が得意とするスロープ、曲面螺旋階段、U字形プラン、フレーミング・ウィンドウなどが配され、コルビュジエ言語オンパレードの様相を呈している。だからこそコルビュジエ住宅作品のメルクマールとして、世界的に知られた存在なのだ。

コルビュジエをして「サヴォア邸」をかく在らしめたのは、いかなる状況であったのか。両大戦間期に完成した「サヴォア邸」に新しい建築ヴォキャブラリーが凝縮可能になったのは、ひとつには施主のピエール&ウジェニー・サヴォアが裕福なクライアントで、条件的には何の制約もなく非常に自由なプログラムを組むことが可能であったことにある。さらに敷地がセーヌ川の谷を見下ろす広い牧草地という恵まれた環境で、コルビュジエは自己の新しいコンセプトを自由に展開できたということも挙げられる。

アプローチ側からの全景。正面右手の軒下空間にアクセスする

サヴォア夫妻は一九二七年に完成したアメリカ人夫妻が施主のコルビュジエによる「チャーチ邸」（現存せず）を見て気に入り、一九二八年に「サヴォア邸」の設計を依頼した。時にコルビュジエ四〇歳。コルビュジエがパリに住んで一〇年の歳月が流れており、パリのアヴァンギャルド・アート界では、建築家としてのみならず画家や物書きとしての存在感も大きかった。パリ社交界のスター建築家に夫妻は魅力を感じていた。コルビュジエによれば、夫妻は伝統的な形式やモダンな感覚にはこだわらない自由な考え方をもつ施主であった。

例えばピロティという斬新なアイディアにも、夫妻はOKを出している。だがすべてが順風満帆であったわけではなかった。当初の設計の見積がかなり高額になりすぎていたため、コルビュジエは幾つかのバリエーションの提出を余儀なくされた。その意味では壁面はレンガ積み＋スタッコ仕上げでローコストを追求。だが決まった最終案は最初の案に近いもので、その実際のコストは高すぎだと言われた当初の案をもさらに超えていたようだ。このようなコストカットがあったにもかかわらず、現在「サヴォア邸」を訪れても楽しめるスロープや曲面螺旋階段、三階のソラリウムなどのプランはそのまま残された。

一九三一年夏にサヴォア家がこの邸宅に引っ越した直後、スロープからの漏水があり、当時のモダン建築によくあった未熟な防水処理の状況が露呈されてしまった。改

玄関周りはドア以外全てガラス張りとなっている

右手の黒いドアが玄関

宙に浮いた印象の「サヴォア邸」の代表的アングル

修のメインはテラスの防水と塗装工事のやり直しであった。コルビュジエと従兄弟のピエール・ジャンヌレによって補修工事が行われたにもかかわらず、住み心地はあまり良くなく、サヴォア夫妻は一九四〇年までは住んだが諦めて出てしまった。戦時中はドイツ軍が占領し、その後は連合軍の青年クラブと動物飼育用納屋として使用され損傷がひどくなった。その後一九五八年に、廃墟同然であったこの家をポワシー市が買い上げ、一九六二年に国に譲渡し「サヴォア邸」は一命を取り留めた。

一九六三年に全面的な改修が始まり、当時の著名建築家ジャン・デュビッソンがその指揮を担当。一九六五年には時の文化大臣でコルビュジエの知人であったアンドレ・マルローが歴史的建造物に指定した。一九八五年から一九九二年まではコルビュジエの弟子であるジャン・ルイ・ヴェレが担当して修復は一旦完了したが、さらに一般公開に向けての色彩計画や庭のランドスケープ・デザインが施されて、今日の「サヴォア邸」が誕生した。

「サヴォア邸」には前面道路から敷地に入ると森があるのだが、その木立を抜けると前面の切り開かれた牧草地に邸宅が白亜の装いで座していることが分かる。クライアントはパリから三〇kmほどのこの週末ヴィラに自動車で来るため、コルビュジエは車のまま玄関

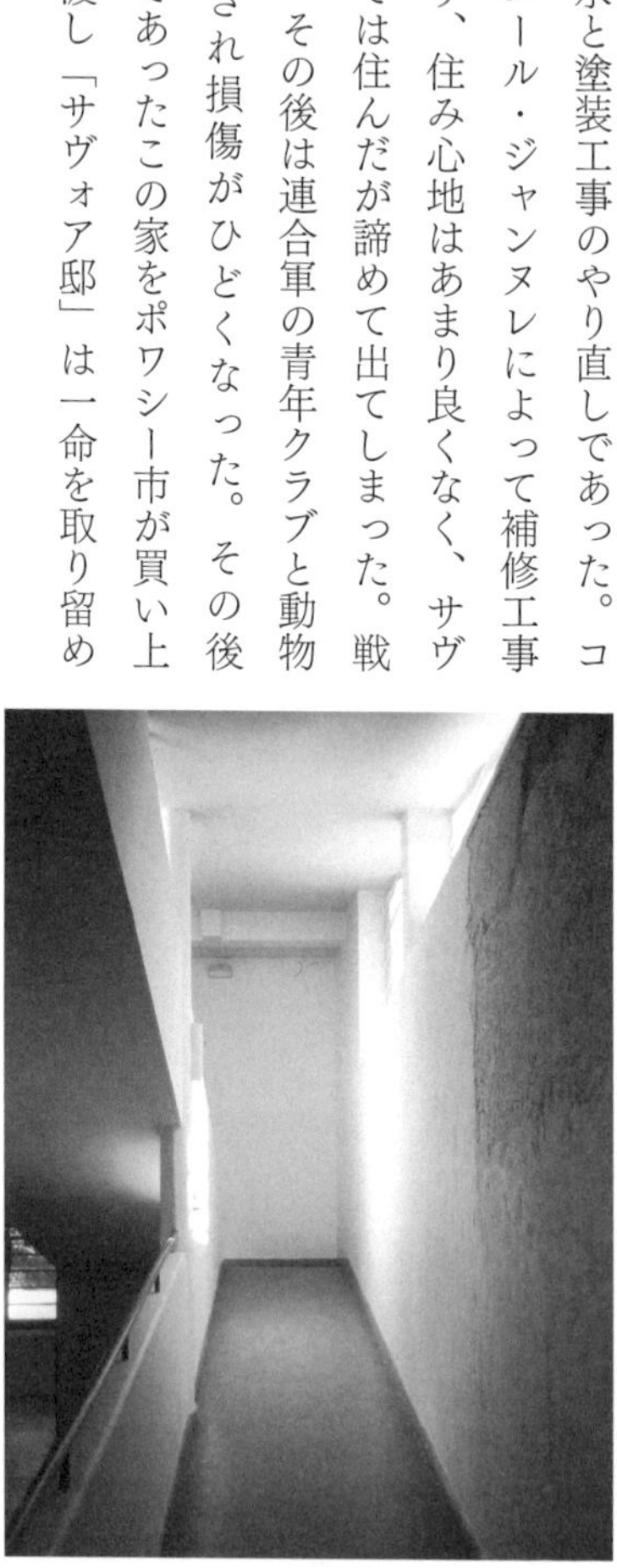

右頁｜スロープ内部
左頁｜玄関ロビー奥側より見る。
左手は有名なスロープ

へアクセスできるよう考えた。建物はハンス・ゼードルマイヤーによって「舞い降りた宇宙船」と形容されたように、細身の白い列柱によるピロティで草原に浮遊した印象だ。

車でのアプローチは建物右側のピロティに入ってから、一階U字形平面の外周に沿って左へカーブし、U字形の先端部にある玄関にアクセスすることになる。曲面壁部分はスリット状のガラス縦格子で、そこから内部のホールが見える。透明な曲面空間のエントランス・ホールで主役を演じているのは、正面眼前から奥へ向けて上昇するスロープだ。コルビュジエ・ヴォキャブラリー最強のこの主役は、「ラ・ロッシュ＝ジャ

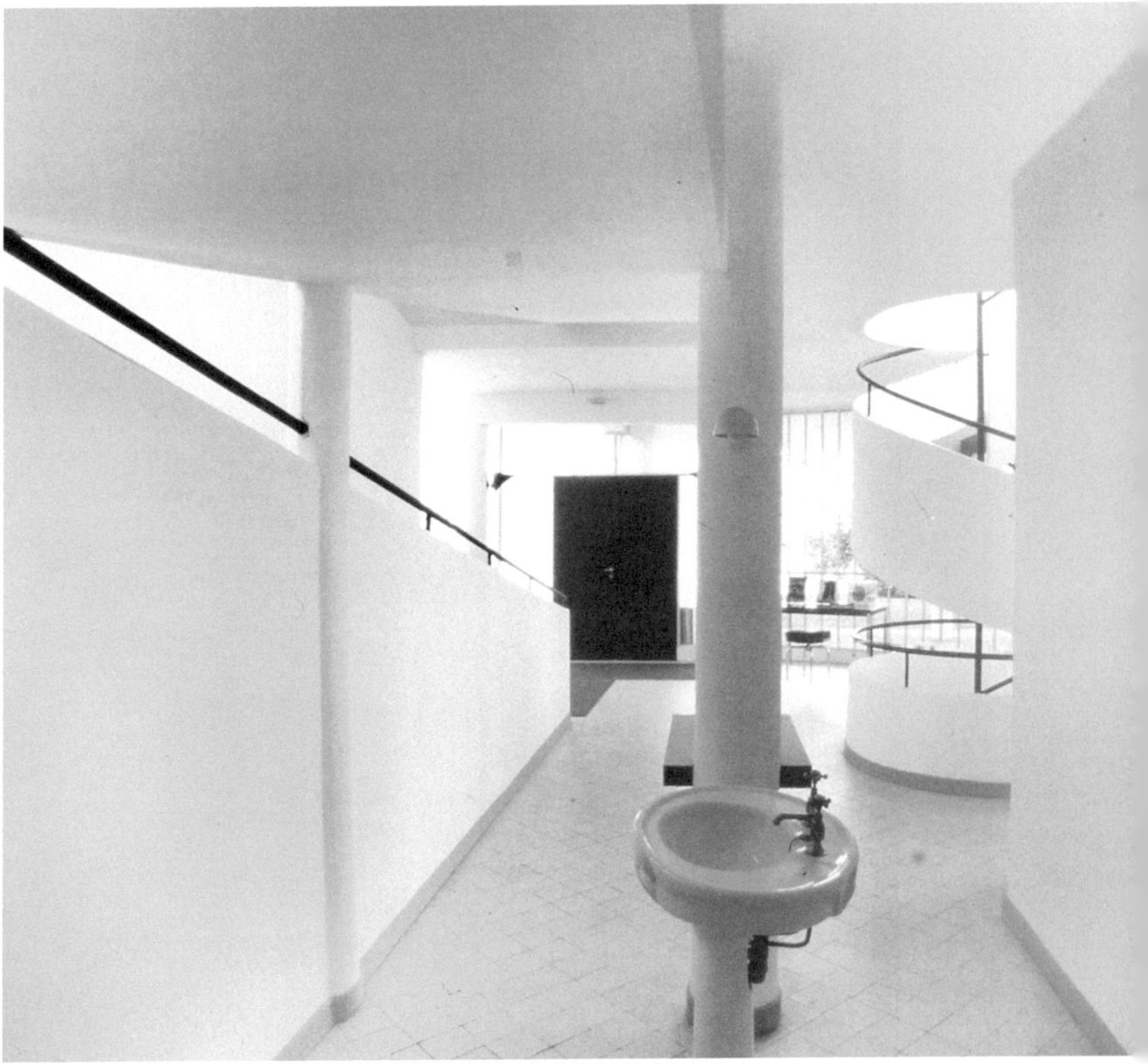

ンヌレ邸」などの住宅を始め、その他多くの作品で用いられている。

スロープを上昇する視点の移動で視界の変化が楽しめることを、コルビュジエは“Promenade Architecturale”(建築散歩)と名付けている。スロープは二階から外部に出て、空中庭園から三階のソラリウム(日光浴場)へと至る。これは女優ブリジット・バルドーが主演した映画『軽蔑』に登場したイタリア・カプリ島の「マラパルテ邸」(一九三八年)の屋上にあるソラリウムに似ている。

両者にある目隠しの白い曲面壁は似ているが、「サヴォァア邸」のそれには外部の景色を楽しむためのフレーミング・ウィンドウがある。これはコルビュジエが「小さな家」(一九二三年)でも、両親がレマン湖の美景を楽しめるよう外部にRCのテーブルと一緒につくっている。この外部テーブルもまたここ「サヴォア邸」の二階空中庭園にも援用されている。

さて玄関ホールにはスロープ以外にも垂直動線として、地

2階空中庭園から大きなガラス・ドアのあるサロンを見る

下から三階ソラリウムまで通じる白い曲面螺旋階段があり、この有機的な美しい階段もコルビュジエ・ヴォキャブラリーとして知られた存在だ。玄関ホールにはこの他独立した洗面器や小さなテーブルが中央通路にあり、その左側には使用人室やシーツ置き場、右手奥には運転手室がある。

スロープで「建築散歩」を楽しみながら二階に上がると、正面にリビングに相当するサロンがある。八四m^2もある大きなサロンには、コルビュジエ、ピエール・ジャンヌレ、シャルロット・ペリアンが協働デザインをしたシェーズ・ロングを始め、バスキュラント・チェア、LC2ソファなどの著名チェアが配されている。水平連続窓が西側コーナーを挟んで南西・北西方向へ伸び、南西側では空中庭園を囲む外部の壁面にも同じ窓を穿っていることも特徴的だ。

空中庭園には三階ソラリウムへのスロープを始め、植栽、アウトドア・テーブル、アブリ（隠れ場所）などのエレメントが配置されている。サロンには長さ一〇m弱のガラス開口部があり、その開放感は圧巻。約四・七mもある巨大なフル

空中庭園から見た外部スロープ。左がサロン

ハイトのガラス・ドアは非常に重いが、オープンすれば内外部空間の見事な相互貫入が楽しめる。

二階にはこの他主寝室、ブドワール（夫人室）、子供室、客室、キッチンなどがある。面白いのは主寝室のバスルームだ。ブルーのタイルを使用したバスタブの横にグレーのタイルで造られたシェーズ・ロングのようなメリディエンヌ（長椅子）が作り付けられており、ホットな体を冷やすことができる。自分もトライしたが、大きさはピッタリだった。自分は「サヴォア邸」の主人とほぼ同じくらいの身長であることが分かった。

「サヴォア邸」は建築ツアーでパリに行くと、かならず見学する定番で、僕も数回見学している。冒頭に述べたように、コルビュジエの住宅作品では白の時代を代表する作品で、彼のデザイン・ヴォキャブラリーがびっしりと詰まっている。コルビュジエ住宅作品の集大成と言われる名作は背後に多くのエピソードを秘め、その凛とした佇まいは多くの建築フリークを魅了して止まない。

フレーミング・ウィンドウがある3階のソラリウム

2階のサロン（居間）。
水平連続窓が中庭にまで続いている

ストンボロー邸

Stonborough House

ルートヴィヒ・
ヴィトゲンシュタイン＋
パウル・エンゲルマン

Ludwig Wittgenstein +
Paul Engelmann

オーストリア、ウィーン
1928

Stonborough House
Ludwig Wittgenstein+ Paul Engelmann

Vienna, Austria
1928

哲学が生んだロジカル・スペース

ウィーン一九世紀末といえばデカダンが支配した耽美的・退廃的な時代として有名で、文学を始め美術・音楽・建築・哲学・精神分析など広範囲の分野に独特の作品を生み出した豊饒な時代だ。グスタフ・クリムト、エゴン・シーレ、グスタフ・マーラー、リヒャルト・シュトラウス、ルートヴィヒ・ヴィトゲンシュタイン、オットー・ワグナー、アドルフ・ロース、ジークムント・フロイトなど、この時代は錚々たる知識人や芸術家を輩出したのであった。

だが二〇世紀初頭になると、例えば音楽ではアルノルト・シェーンベルクが従来の調性のある音楽形式を破って、音楽的装飾性を排した無調音楽の一二音技法を発表した。また精神分析学ではジークムント・フロイトが華やか表層の下には無意識の力が噴出していると述べ、既存の価値観は完全に反転させられた。それについて哲学者カール・クラウスは、「ウィーンは世界破壊の研究所である」と評している。

要するにウィーン一九世紀末芸術の狂乱的美学や退廃的な装飾は、あの甘いこってりとしたザッハトルテと同様、不健

ストリートからの「ストンボロー邸」全景。右下に入口の門扉が見える

康だというリアクションが各分野から起きた。前出のシェーンベルクやフロイトは言うまでもなく、決定的だったのはアドルフ・ロースが一九〇八年に発表したディスクール「装飾は犯罪である」だった。そうした状況の中でひとつ面白いのは、名著『論理哲学論考』で有名な哲学者ルートヴィヒ・ヴィトゲンシュタインが姉マルガレーテの「ストンボロー邸」を設計していることだ。

この家は先に述べたようなウィーンの一九世紀末芸術への反動として生まれた建築の中で最も著名なものである。ヴィトゲンシュタインの唯一の建築作品であるこの住宅は、当時オーストリア建築界の巨匠として知られ、ヴィトゲンシュタイン家より援助を受けていたアドルフ・ロースの弟子であった建築家パウル・エンゲルマンが、すでにマルガレーテより受注し設計の大半を完成させていたものだった。

エンゲルマンはロースによりヴィトゲンシュタイン家に紹介され、ルートヴィヒの兄の陶磁器展示室を設計し同家とは親しい付き合いをしていた。そのためヴィトゲンシュタイン

広いグリーンの庭から見た「ストンボロー邸」

に最終的な仕上げに関しての協力を仰いだ。というのも波乱万丈の人生を送ってきたヴィトゲンシュタインは、当時彼の主著『論理哲学論考』を書き終えた時点で田舎の教師となっていたが、生徒への体罰により辞職するという、失意のどん底にあった。それゆえエンゲルマンとマルガレーテは、彼に建築設計の協力を仰ぐことで、彼を元気付けることを目論んだのであった。

その狙いは当たり、ヴィトゲンシュタインはこの設計という仕事で精神的挫折を回復していった。だが彼が関与したデザインはかなりディテールにこだわりをもったもので、聞くところによればドア・ハンドルのデザインに一年、また暖房機のデザインにも一年かかったという。さらには完成近くになって天井の高さを三〇mm上げる変更を指示するなど、業者泣かせの要求により完成がかなり遅れた。

今建物は「ブルガリア文化研究所」となっており、木立が散在し芝生が敷き詰められた台地の上にある。L字形のコーナー部には玄関を含む矩形のマッスが突出している。白い外壁には縦長の開口部が規則正しく穿たれ、一見すると小さな病院のような印象を与えている。一九二八年に完成した建物の端正な外観は、ファン・ド・シエクル（一九世紀末）のデカダン的時

門扉越しにアプローチを見る

玄関側正面。玄関部分が建物外壁より突出している

代性を微塵も引きずってない。

外観も当時としては珍しい白いフラットな壁面の組み合わせで構成されており、ウィーン一九世紀末を支配した耽美的・爛熟的なツァイトガイスト（時代精神）の残香の中にあって、「ストンボロー邸」はまさに純正のモダニズム建築となった。これには先述のアドルフ・ロースの影響が強い。当時彼が設計したウィーン界隈の住宅である「シュタイナー邸」「ストラッセ邸」などは、装飾を切り詰めた外壁をもつ白い建築であった。また時同じくしてフランスでは、コルビュジエが生み出した「サヴォア邸」「クック邸」「スタイン邸」「プラネクス邸」など、白の時代に生まれたモダニスト建築などが多数生まれていた。

パルクガッセ側の門から入って階段を上がり玄関に着くと、ガラス張りドアに縦長のサッシュがはめ込まれ、スリムで繊細な印象が伝わってくる。中に入って外部を見返すと、逆光となってこの開口部の垂直性はさらに強調されている。「ストンボロー邸」の大きな特徴のひとつが、高さ

玄関内部。右手の部屋は朝食室で、現在お土産ショップ

を強調した点にあるのが分かる。

ヴィトゲンシュタインによるインテリア・デザインにはカーペットやカーテンなどは一切なく、けして居心地の良い空間ではなかった。無装飾の空間は裸電球だけの照明で、ドア・ハンドルや暖房器具は無塗装という殺風景なものであった。シンプルこの上ないインテリア空間の縦長の開口部には、これまた細長いサッシュがはめ込まれ、その垂直性を強調している。

「ストンボロー邸」の建

玄関ロビー。本が置いてある先がお土産ショップ

築美学を一身に集めている開口部から、カーテンを一切排除しているのは、正に縦長で細く華奢でデリケートな開口部のシルエットを遮らないためだ。しかしそれでは中は丸見えだし不用心この上ない。そこでヴィトゲンシュタインが考案したのが、重さ一五〇kgもあるメタル・スクリーンだ。昼間は地下に収納され、夜間は地下からせり出してきて、開口部全体を内側から塞ぐという驚異的な仕掛けなのだ。

一階の開口部全てに装備されたこの「鉄のカーテン」は、滑車システムにより容易に上下移動ができる。窓ガラスの面と床面にある暖房吹き出し口の間に溝が掘り込まれており、夜間そこから鉄板が出てきて窓全体を覆うのだ。富豪であるヴィトゲンシュタイン家の安全を守るために考案された装置は、若い頃シャルロッテンブルク工科大学で機械工学を学んだ彼の面目躍如と言えそうだ。

このメカニックは以後の建築に影響を与えているのではないかという説がある。例えば「ストンボロー邸」の二年後の一九三〇年に完成したミース・ファン・デル・ローエ設計の「トゥーゲントハット邸」では、居間の窓ガラスが地下に収納されるという滑車システテ

右頁上｜1階の開口部を守るメタル・スクリーンが地下からの出てくる仕掛け
右頁下｜テラスへのドア
左頁｜細長い窓は高さを強調し、繊細な印象を醸している

ムがあり、この地下に収容するという点は似ていると言えなくもない。ミースが「ストンボロー邸」のこの仕掛けを知らなかったとは思えない。

この住宅はマルガレーテ・ストンボロー＝ヴィトゲンシュタインが、弟のルートヴィヒ・ヴィトゲンシュタインと建築家のパウル・エンゲルマンに造らせた住宅で、弟が随所にユニークなデザインを施していて面白い。ここでヴィトゲンシュタイン関係の書籍を取り上げてみよう。僕の手元にある『アールヴィヴァン』第一六号「特集＝ヴィトゲンシュタインの建築」には写真が多数掲載されていて面白い。例えば「ストンボロー邸」のホールの写真を見ると、ドアの取手が下端から一・四三mも高い位置にあることが分かる。

ちなみに、『アールヴィヴァン』の特集へ寄せられたひとつの論考と『ヴィトゲンシュタインの建築』はバーナード・レイトナーによるもので、建築家・磯崎新が翻訳をしている。確かに磯崎好みの知的な雰囲気が漂う住宅だ。僕が初めて出版した拙著『世界の建築家——思想と作品』（彰国社、一九九六年）の巻頭文で磯崎氏にお世話になった。それは「解体のあとの散逸そして転位の予兆」と難解な文章だったが本は売り切れてしまった。

階段が螺旋状に上がって行く

アルヴァ・アアルト自邸

Villa Alvar Aalto

アルヴァ・アアルト

Alvar Aalto

フィンランド、ヘルシンキ

1936

Villa Alvar Aalto

Alvar Aalto

Helsinki, Finland

1936

ロマンティック・ファンクショナリズムに向けて

近代建築の巨匠たちの中で、自邸が一般に公開されている建築家と、比較的その住まいが知られておらず、どのようなものだったのかが分からない建築家がいる。前者の代表的な建築家はル・コルビュジエ、アルヴァ・アアルト、ヴァルター・グロピウス、フランク・ロイド・ライト、ルイス・バラガン、フィリップ・ジョンソンなど。後者にはミース・ファン・デル・ローエ、ルイス・カーン、アドルフ・ロースなどがいるが、数としては少ない。

「アルヴァ・アアルト自邸」はその中でも一般の見学者たちに対して広く開放されている建築のひとつだ。いつでも見学でき、アクセスがしやすい便利なところにあることもあり、圧倒的な人気がある。建築の専門家だけでなく、一般の人たちも訪問する観光名所的な一面ももちあわせている。それは北欧有機的建築の巨匠アアルトの作風自体が、マニア以外にもアピールする魅力をもっているからに他ならない。

一九三四年、アアルトはヘルシンキのムンキニエミの丘の上にあるリーヒティエ通りに自邸兼スタジオの敷地を購入した。すぐ下側にはフィンランド建築の巨匠、エリエル・サーリネン設計の「幹部候補生学校」があった。当時ルーフ・テラスからはまだヘルシンキの海が見える素晴らしい景色が楽しめたという。

自然が溢れていた当時の敷地をいたく気に入ったアアルトは、ここをヘルシンキでの本格的な仕事の拠点と住まいとして設計した。アアルトがヘルシンキで初めて設計したこの建物は、彼の潜在的なクライアントに対する見本作品としての重要な役割を担った。

「アアルト自邸」の道路側のファサードは開口部を控えた寡黙な表情。スレンダーなスタジオは白く塗装され、住宅部分は暗黒色の細長い小割板を縦羽目張りとし、カラーにより機能分離を明快に表示している。L字形プランの自邸はふたつの機能をもつことから、その形態は自ずとふたつの機能を分ける明快なフォルムを見せている。

前面道路から見ると、煉瓦積みの建物外壁にノロを塗った白壁、玄関とガレージの茶色の木製ドア、住宅部分の外壁に使用されたダーク・トーンの三色が、絵も言われぬハーモニーを醸して、建物の最高にシックなファースト・イメージを与えてくれる。だが、今なら著名建築家がデザインしたと分かるこのエレガントな住宅も、建設当時は近所のひとからはどんな鶏小屋ができるのかと噂になるくらい、それまでムンキニエミには建ったことのない斬新な家であった。

道路側ファサードの中央にある石の階段を数段上がって玄関へ

道路側ファサード。中央の細いドアが玄関。右手のドアは車庫

アクセスするとドアがあるが、それは右側ヒンジで表側に開くという意表を突く開き方をする。玄関を入ると右側（西側）にホールとその奥にスタジオが細長くある。左側は二階への階段室で、正面に進むとロウ・シル（低い窓台）で大きな開口部をもつリビングが庭に対峙している。緑が繁茂した庭の自然との一体感は素晴らしいの一語に尽きる。

さてこのリビングだが、どんな設計かと思いきや、思いのほか普通なのだ。居間に入ると左手は壁で半分だけ仕切られた食堂で、リビングはコルビュジエやミースなどの住宅に見られる広いリビングと比べるとかなり異なっている。アアルトは第一期のネオクラシシズム時代の後に、第二期となるモダニズムへの過渡期的な作品の時代を迎える。この後第三期のインターナショナル・スタイルとなるが、三六年の自邸にはそんな風情は微塵も感じられない。

アアルトは自邸についてはフィンランドの古い農家や、彼らが住んだヴィヴィ・ロンの住宅を参照したデザインをし、徹底したモダニズム建築としなかった。そこには住み心地の良い住宅を目

庭からの全景。左手の窓が見えるところがアトリエ

指し、素朴な材料を用いて、むしろラフな手法で建物全体の統一性を考えたコンセプトがあった。

そのためリビングは小振りで温もりがある印象だ。さらにリビングの床面積に比べて家具が占める面積が多いのが特徴だ。アイノ・マルシオ（のちにアアルトと結婚し、アイノ・アアルトとして知られる）が愛した大きなグランド・ピアノを始め、暖炉前のテーブルの周囲には、やはりアイノが気に入っていたゼブラ・パターンのタンクチェア、長いソファなどがあり、要するに家具がたくさん置かれた普通の家のリビングと同じようなのだ。

すでに一九二五年、若きアアルトはこう書いている。「建築の唯一正しい目的は自然に建てることだ。やり過ぎない作品であること。正当な理由なしに何もしないこと。何でもやり過ぎは時間が経つと醜くなる」。アアルトはインターナショナル・スタイルの道を歩んで行くが、コルビュジエのように黄金比や直角三角形を多用する幾何学的抽象のそれとは違っていた。北欧有機的建築の巨匠はフィンランドの大地や生

活に根ざしたモダニストとしての有機的抽象へと向かっていった。

さて庭に向かってリビングの右手にある引き戸を開けるとスタジオがある。スタッフもすぐリビングに来て、家族同様にくつろげるというアアルトの配慮は素晴らしい。南北に長いスタジオには一番北側にアアルトの書斎がある。吹き抜けた内部には東側と南側二階レベルに細長いギャラリーがある。西側には所員の気を散らさないように開口部はつけられず、バタフライ・ルーフの特徴を生かして上部にハイサイドライトを設け、北国の低い太陽光を巧みに取り込んでいる。

アアルトの生地クオルタネの測量技師だった父親は一〇人ほどのスタッフを抱えた事務所を経営。事務所で遊んでいたアアルトは父たちの仕事振りを見て育ち、そこにあった白いデスクで小さい頃から絵を描いていた。その頃の記憶の成せる業かアアルトも白いテーブルを使用し、それが一階南西側コーナー部にある開口部の前に置かれている。アアルトは遠くなった父親の思い出や少年時代に思いを馳せていたのであろう。

右頁｜アトリエ内庭方向を見る。窓側に少年期を想起させる白いデスクがある
左頁上｜アアルトの書斎。はしごはアアルトの脱出用
左頁下｜リビングには家具が多い。正面はアトリエのドアを開けた状態

北側にあるアアルトの書斎はスタジオよりスキップアップして一段高くなっている。狭い入口を入ると、その壁は本で埋め尽くされている。ひとつ不思議なのは木製の小さな階段が壁にかけてあり、上部に小さな隠しドアがあることだ。その実、会うのが嫌な客が来た時は不在を装って屋上テラスへとんずらしたと、ガイドさんが面白おかしく話してくれた。

一階の東側にはリビングへとつながるダイニングがある。アイノ・マルシオと一九二四年に結婚したアアルトは、一ヶ月半の新婚旅行をイタリアで過ごした。アイノが推したこのイタリア旅行で、彼らは木彫りのルネッサンス・チェアを購入。それらが配された長いダイニング・テーブルが庭に向けて切り開かれたピクチュア・ウィンドウへと見事な視軸を構成している。

二階はプライベート・エリアだ。中心には暖

炉のある家族的なホール（居間）を始め、アアルト夫妻、子供たち、ゲストの寝室がある。アイノがランドスケープ・デザインをした庭を見晴らすテラスがあり、スタジオの二階ギャラリーからもアクセスできるようになっている。

自邸完成の二年後、アアルトは大作「マイレア邸」を完成させているが、自邸はそのヒントのひとつとなったようだ。自邸は木を多用したりレンガ造の数個の暖炉を設けたりするなど、シンプルかつ素朴な材料や仕上げが特徴的である。それは新しいアアルトのスタイルを暗示するもので、すなわち「ロマンティック・ファンクショナリズム」の到来を予兆するものであった。

僕は北欧諸国に関しては、フィンランドに行った回数が一番多い。その理由はアルヴァ・アアルトの存在や建築に惹かれたからであるのは言うまでもない。彼の作品は海外作品も含めて六一件見学しているが、ひとつ残念なことがある。代表作のひとつである「ヴィープリ図書館」はロシアにあり、まだ訪問できておらず、見ていないの

右頁｜アイノが愛したグランド・ピアノやゼブラ・パターンのタンクチェアがある
左頁上｜リビングから食堂方向を見る。右手がロウ・シルな窓
左頁下｜大きなピクチュア・ウィンドウから庭の緑が入ってくる

だ。一方、アイスランドに行った時「ノルディック・ハウス」というアアルト作品があって見学できたのは幸運であった。他にも、パリ郊外の「ルイ・カレ邸」は圧巻の佇まいで魅了されたし、マサチューセッツ州ケンブリッジにあるMITの「ベイカー・ハウス」では学生の部屋にも入ってしまった。アアルトが一般の人々にも知られているのは、僕も使用している彼の有名な花瓶や、アイノの「ボルゲブリック」というグラスの知名度によることもあろう。

ヘルシンキはアアルトの牙城でもある。自邸の他に「フィンランディア・ホール」を始め、「オタニエミ工科大学」「文化の家」「アカデミア書店」「ラウタタロ」「レストラン・サヴォア」「アアルト・スタジオ」など。アアルト作品の場合は、嬉しいことにこれらが全部内部も見学できるのである。こうした寛大なサービスがあるので、ヘルシンキの建築ツアーは人気があるのだ。なお、二〇一三年のアルヴァ・アアルト建築ツアーでは、参加者全員で彼の墓参りをした。そこに彼はふたりの夫人であるエリッサ・アアルトとアイノ・アアルトと共に眠っている。

イタリアで購入した木彫りのルネッサンス・チェアがあるダイニング・テーブル

2階テラス。木製ドアは書斎からの脱出口

Villa Sarabhai
Le Corbusier

Ahmedabad, India
1955

清涼感溢れるプール・スペース

ル・コルビュジエのインドにおける住宅作品を代表する「サラバイ邸」は、アーメダバードという高温多湿な亜熱帯モンスーン気候の中に建っている。二ヶ月間モンスーンが荒れ狂い、土砂降りの雨と厳しい太陽が照りつけるという建築家泣かせの気候風土だ。だが幸いにも、僕が数回訪れたことのある「サラバイ邸」ではこれまでそういう体験をしたことはない。というのは、一番季節の良い三月頃の乾期に訪れているからだ。むしろ逆に埃っぽかったという印象がある。

「サラバイ邸」の門に着き、緑の茂った庭に入るとホット一息つくことができる。敷地は広さ二〇エーカー（約八万m^2）のサラバイ家所有の公園で、外部の喧騒と騒擾に「サラバイ」して静かな自然の環境に浸ることができる。森のような屋敷には所々にアート作品が展示してある。また、豊かな緑の道をしばらく辿ると、やがて右に曲がって「サラバイ邸」に行き着く。ただしこの家には玄関のような構えはなく、言ってみればコルビュジエが「チャンディガール議事堂」に使用した巨大な軒樋の小型版が軒部分に装備されているあたりが玄関のようだ。

その下からいきなり居間に入る感じになるが、その先に裏庭が見えて、建物が表から裏側に向けて透通しになっているのが分かる。中に入って天井に目をやると、レンガ貼りのヴォールト天井になっていることが分かる。コルビュジ

玄関から内部を見るとリビングを透して裏庭の緑が見える

エはすでに一九二三年の『建築をめざして』の中でシトロアン住宅とモノル住宅の二タイプを発表していた。前者は男性的なドミノ型。後者は女性的なヴォールト型だ。ここでは速乾性のモルタルに薄いレンガを貼ったカタロニア・ヴォールトが使用された。「サラバイ邸」はインドのヴァナキュラリティ（土着性）を盛り込んだモノル住宅となった。

コルビュジエの「サラバイ邸」のクライアントは、当時のアーメダバード市長の娘であったマノラマ・サラバイだった。女性のクライアントということで、風通しの良いモノル型のヴォールト天井を設計したコルビュジエに反対したのは、なんとクライアントのマ

ノラマ女史だった。彼女は半円形のヴォールト形が連続するデザインが工場に似ているという理由で嫌ったのであった。

困ったコルビュジエは連続するヴォールトの小口側のアーチを隠すために、RC打放しの鼻隠しのような垂れ壁を用いた。「サラバイ邸」の外観を見ると、その一部は二階建ての矩形のマッスの立面で、彼が手掛けるインターナショナル・スタイルと同形になっているのが分かる。しかし一歩中に入ると、幅約三mのカタロニア・ヴォールト天井が、入口側から裏庭側に向けて十連で並んでいる。

階段で二階屋上に上がると、すぐ左側にプールへと滑り落ちる滑り台があ

右頁｜裏庭にある満々と水を湛えたプールの存在は、建築を美しく演出する
左頁上｜表側外観。左手の上部に軒樋があるところが玄関
左頁下｜ダイニング・スペース越しに裏庭方向を見る

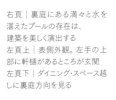

る。これはコルビュジエが訪れたジャイプールの「ジャンタル・マンタル」にある天文台のような階段の傾斜に似ているが、彼が「ジャンタル・マンタル」を訪れたのは「チャンディガール議事堂」のトップライトの研究のためであったようだ。いずれにせよ庭側で最も清涼感を発揮する大きなプールの存在は圧倒的で、ここに水が有るとなしでは、その印象は月とスッポンほど異なってくる。

筆者は二回ほど水無しのプールに出会ったが、干からびた印象は建物のイメージも悪くする。実際水を満々と湛えたプールが庭側空間の気温を下げているのは言うまでもない。その涼しげな庭側は幅三m（ヴォールトの幅）で、奥行きも三mのオープン・テラスが連続する。この半外部空間が「サラバイ邸」の居心地の良さを決定する要である。

内部に目を向けると、コルビュジエは一九三五年の「パリ郊外の週末住宅」でヴォールトを少し使用している。彼の初めてのモノル型住宅はここに始まった。次がパリの「ジャウル邸」だ。ほぼ同時期に完成した「ジャウル邸」

庭に面したオープン・テラス。庭と平行に通路が走っている

と「サラバイ邸」は多くの共通点をもっているが、空間コンセプトは違っている。「ジャウル邸」での二棟の建物はそれぞれふたつのヴォールトを用いているが、ひとつは他より大きいのだ。これはルイス・カーンの言うところのサーヴァント・スペースとサーヴド・スペースとを分節するために考えられたようだ。

これに対し「サラバイ邸」では同じ幅のヴォールト一〇個が同じリズムで並んでいる。繰り返しとそのリズムゆえに、他の構成的な要素をシンコペーション的に現出させる。ヴォールト群は耐力壁に頼っておらず、マッシブなRCビームで支持されているのだ。ビーム自体は所々壁に支持されている。

コルビュジエは床にマドラス・ストーンを使用している。この控え目な黒い石は、時に光によって艶やかな様相を呈して清涼感を生み出す。コルビュジエはこれをモデュロールの寸法に従って敷き詰め、前例のないハーモニアスでリッチな感じを出している。これはアーメダバードにある他

寝室もオープンな造りでリビングと連続している

の作品「ショーダン邸」「繊維業者会館」「サンスカル・ケンドラ美術館」、あるいは「チャンディガール議事堂」にも使用されている。

「サラバイ邸」はクライアントのマノラマ・サラバイ夫人と二人の息子、スーリドとアナンのための住居であった。延床面積約四六五m²の住宅はサラバイ家の人々が住む主棟の他に、使用人が住む別棟が前庭側の東側コーナーにある。南西側の庭からから見て、建物左側の四ヴォールトは青年スーリドの居住スペースで、キッチン、浴室、書斎、寝室、ベランダ、使用人部屋もある。

一階のメイン・スペースは、リビングがヴォールト二個分を取り、書斎が一個分、寝室とベランダが二個分をとっているが、実際に訪れるとこれらの空間は連続して一体となっていることが分かる。そこにダブルベッドがふたつあったり、デイ・ベッドがあったり、ソファ、長椅子なども配置され、その上かなりのアート作品が置かれているなど、家具を始め物が少し多い印象をもつかもしれない。

庭側の連続するヴォールトには先述のごとく幅三m、奥行き三mのベランダがあり、この部分が内外部空間の中間領域となっていて、使用頻度が高そうだ。そのためここにもソファや椅子、テーブルなどが置かれている。このベランダとリビングを仕切るのは木製の回転ドアだ。またベランダから横移動ができるよう、側面の壁には廊下用の開口がある。ベランダの端部の天井には、幅三mもある日本の簾のようなものが装備されて普段は巻き上げられている。

ヴォールト端部を鼻隠しで覆ってしまったために、風通しがよいと言われるヴォールトの機能が半減されたためか、天井ファンが各所に取り付けられていた。これはどう見てもヴォールト天井には合わないので、コルビジュエの指図ではないだろう。だがほとんど開け放して生活し

左頁｜幅3mのカタロニア・ヴォールトの天井
右頁｜庭側立面。RC打ち放しの壁はヴォールト形の開口部を隠している

ているようだ。実際、訪問した時は乾季でさしたる暑さは内部では感じられなかった。

コルビュジエはインドに来るたびに風物をスケッチし、三十数冊のノートにまとめたという。彼はそこからインドの気候風土に合ったデザインやディテールを生み出した。「サラバイ邸」のきめ細かなデザインは、ヨーロッパの大都会パリに住む都会派建築家によくぞできたなと、褒めたたえたくなる素晴らしい住宅であった。

アーメダバードにおける上述したコルビュジエ建築の建設には、弟子のバルクリシュナ・ドーシという現地の建築家が尽力した。彼は「サンガト」という自分のスタジオを構えており、アメリカのルイス・カーンが設計した「インド経営大学」の建設にも協力した。ということで、アーメダバードには、魅力的な建築が多い。「サンガト」も比較的自由に見学できる。門から入ってスタジオまでのグリーンが敷き詰められた中庭が素晴らしい。スタジオ内部も高いヴォールト天井で暑さをしのぐ達者なデザインだった。

2階屋上庭園から見る。3階屋上庭園もある

2階屋上庭園から見下ろした庭。
水を張ったプールの存在感は大きい

ディエゴ・リベラ+
フリーダ・カーロ
ハウス&スタジオ

House-Studio of
Diego Rivera and Frida Kahlo

ファン・オゴルマン

Juan O'Gorman

メキシコ、メキシコ・シティ
1932

House-Studio of Diego Rivera and Frida Kahlo

Juan O'Gorman

Mexico City, Mexico
1932

メキシコにおけるモダニズム機能建築の橋頭堡

建築フリークがメキシコに行くとなると、それはルイス・バラガンの魅力的な建築への憧憬で旅立つケースがほとんどだ。バラガンの静謐感のある空間は、静かで無言の迫力がある。だがその系統とは異質の魅力ある建築のひとつが、ファン・オゴルマン設計の「ディエゴ・リベラ＋フリーダ・カーロ・ハウス＆スタジオ」だ。

メキシコ・シティの伝統的なサンアンヘル地区のアルタヴィスタ・パルマスとデレデイション・オブ・アルヴァロ・オブレゴンの交差点に差し掛かると、右手にブルーと赤茶色の住宅が姿を現す。歩道と敷地との境界にはサボテンが垣根の代わりに植え込まれている。

このカラフルな二棟の住宅が、メキシコ最大の画家のひとりであるディエゴ・リベラと、同じく画家でその夫人フリーダ・カーロそれぞれの住居とスタジオである。矩形プランの二棟は直線で構成された機能主義建築だが、それが一九三〇年代初頭という早い時期にできたことで当時話題になった。

左のディエゴ・リベラ棟と右のフリーダ・カーロ棟は屋上ブリッジで連結

メキシコにおける機能主義建築の走りとも言われるこの住宅は、画家夫妻のスタジオも兼ねており、現在はミュージアムとして当時の彼らの生活を知るよすがとなっている。門に近い方の赤い建物がディエゴ・リベラ棟で、ブルーの小さな建物がフリーダ・カーロ棟だ。両者は別居に近い生活をしていたようだが、屋上にあるブリッジで両棟はつながれている。

代表作「メキシコ国立自治大学図書館」で知られたメキシコ・モダニズム建築家のファン・オゴルマンは、アイリッシュ人画家のセシル・クロフォード・オゴルマンとメキシコ人女性との間に生まれ、メキシコのサン・カルロス・アカデミーとメキシコ国立自治大学建築学科に学んだ。彼は新しい「メキシコ銀行」などの作品を手掛けて著名な建築家になった。

ル・コルビュジエの影響下、オゴルマンは近代の機能主義建築をメキシコ・シティに紹介した。彼自身メキシコ・シティに二十数件もの小学校をつくっている。しか

右頁上｜道路側からの全景。垣根がサボテンとなっている
右頁下｜リベラのスタジオ。現在は彼の作品やコレクションの展示室となっている
左頁右｜裏側から見たディエゴ・リベラ棟。建物は細い柱のピロティで浮いている
左頁左｜ディエゴ・リベラ棟の妻側。曲線のRC外部階段で2階へアクセスする

し彼は自分が成熟するにつれて、自分を有名にした機能主義から遠ざかっていく。やがてフランク・ロイド・ライトからの影響と伝統的メキシコ建築のデザインをミックスして有機的建築へ向かう。実際オゴルマンはエドガー・J・カウフマンにより「落水荘」に招待されて週末を過ごし、「ミチョアカンの歴史」という壁画のコミッションについて打ち合わせをしている。

さらに建築から絵画表現に向かい、メキシコの歴史に沿った伝説やランドスケープといったテーマをカバーしてきた。壁画にも興味を示し、チャプルテペック城の独立記念室の壁画や「メキシコ国立自治大学図書館」の壁画を描いたことでも有名だ。

しかし何と言っても彼を不滅の存在ならしめたのは「ディエゴ・リベラ＋フリーダ・カーロハウス＆スタジオ」であった。彼とリベラはこの家が完成した後はますます親しい友人関係となり、オゴルマンの絵画にリベラの影響が色濃く反映されるようになった。

当初オゴルマンがサンアンヘルにふたつの敷地を購入し、そのひとつをリベラに見せて購入価格と同価格で彼に提供すると申し出たことから、リベラはこれに同意し自分の妻であるフリーダ・カーロの家もつくることにした。ここでカーロは自己の画家としてのキャリアを確固たるものにし、数々の著名な作品を生み出した。

リベラはこのスタジオで約三〇〇〇点の作品を生み出している。また彼にはプレ・コロンビアン・アート作品やメキシコ・クラフトの膨大なコレクションがあり、それらを収容するための"Anahuacalli"と呼ばれるスタジオ・ハウス・ミュージアムを一九四二年にオゴルマンと協働で設計している。リベラは一九五七年一一月に他界するまで自邸で創作に励んだ。最終的には二人の死後、娘のルース・リベラ・マリンがこの遺産を引き継ぎ、国立美術協会に寄

右頁右｜外部階段に出る廊下の開口部
右頁左｜フリーダ・カーロ棟は外部階段で屋上に通じている
左頁｜フリーダ・カーロ棟にも細身の柱によるピロティがある

贈した。

さて建築的にオランダ派やコルビュジエの影響を受けたオゴルマンは、「リベラ＋カーロ邸」をメキシコ初の機能主義建築としてデザインした。彼はコルビュジエの「住宅は住むための機械」という考えに則り、コルビュジエの「近代建築の五原則」であるピロティ、自由な平面、自由な立面、水平連続窓、屋上ガーデンを取り入れた。

「リベラ棟」の外観は細い柱でピロティを作り、スクエアなマッスを地上面から浮かせているという軽快な印象だ。しかも二階のスラブ端部が非常に薄く見えることも、その効果を助長している。その上にはフルハイトのガラス開口部があり、開放性や軽やかさを表現している。二階へは優美な曲線を描くRCの外部階段でアクセスする。

北側はすべて開口部で、スクエアのスティール・サッシュが細く非常に軽やかな印象だ。外部に木立があり、その向こうに「セシル・オゴルマン邸」（オゴルマンの父の家）が少し低くなった敷地に建っている。一九三二年の「リベラ

正面のディエゴ・リベラ棟からブリッジでフリーダ・カーロ棟に至る

邸」は一九二九年の「オゴルマン邸」と同じような造りだ。「オゴルマン邸」の大きなガラス・ファサードが折り戸のようにしてフルオープンになった写真を見たことがある。「リベラ邸」の二階開口部も同じではないかと推測していたが、実際には固定されているように見えた。

三階のスラブはキャンティレバーで突出しており、二階ファサードに日陰を作ると同時に、三階、四階を吹抜けの大空間としてリベラのスタジオとしている。現在は彼の作品の他に、彼のコレクションが所狭しと、床、壁、天井などに陳列されて大空間の展示室となっている。天井はノコギリ形屋根となっており、ハイサイドライトから淡い自然光がこぼれてくる。

オゴルマンは厳しい予算で設計したが、これが無駄を削ぎ落とした機能主義建築に合っていた。内部のドアはメタル・フレームに未仕上げのアスベスト・シート。天井はむき出しのRCスラブだし、電気系統の配線も壁や天井に沿ってむき出しのまま配線されている。

フリーダ・カーロ棟の展示空間

当時のメキシコでは屋上のパティオは使用人が使うスペースだったが、オゴルマンはこれを家の中心エリアとしてワイルド・パーティを行ったり、リベラとカーロを公衆に見せるイベントを行ったりする空間として開放した。彼は雨水貯蔵庫やメタルの雨樋、さらにはダスト・シュートなどの機能的な設備をつけたが、近所から一番嫌われたのはサボテンの垣根だった。というのも、サボテンの垣根は貧困の象徴のようなものであったからだ。

オゴルマンは先述したとおり、この後はリベラ芸術の影響を受けて、次第に二〇世紀モダニズムの機能主義から遠のいていった。一九五二年の「メキシコ国立自治大学図書館」や一九五六年の「洞窟ハウス」(自邸)など、メキシコ文化の土着性を反映させたシュールレアリスティックな方向へ走り、建築ではなく壁画や絵画に向き合った。

なお、メキシコ建築ツアーに行くと、その他には巨匠ルイス・バラガンの作品を始め、シェル構造の名手フェリックス・キャンデラの作品も多く見ることができる。キャンデラの作品には「バカルディ工場」「サンタモニカ教会」「地下鉄キャンデラリア駅」「スポーツ・ホール」などがある。あるいは現代建築家の巨匠リカルド・レゴレッタの「ホテル・カミノレアル・メキシコ・シティ」や「国立芸術センター」などもある。レゴレッタには二〇〇二年に磯崎新氏がプロデュースした講演会で来日した時インタビューをした。二〇一一年に高松宮殿下記念世界文化賞の受賞で来日し、その時再会したが、その年の一二月に他界してしまった。湘南の秋谷には彼が設計した「カーサ・レゴレッタ」がある。

Maison La Roche

Le Corbusier

Paris, France

1925

白の時代を代表するコルビュジエ作品

スイスのラ・ショー・ド・フォンに生を享けたル・コルビュジエは、一九一七年パリに出た。翌一九一八年には自分の友人でありパトロンでもあるマックス・デュボワの紹介によって、スイスからの移民パーティで銀行家のラウル・ラ・ロッシュと知り合った。デュボアはSABAという鉄筋コンクリート応用会社を経営し、コルビュジエはその建築アドバイザーであった。

ラ・ロッシュはパリで銀行家として名を成し、コルビュジエとアメデエ・オザンファンが出版していた『エスプリ・ヌーヴォー』誌のパトロンになった。さらに一九二〇年代当初、ラ・ロッシュは純粋主義絵画のコレクターになり、絵画に造詣の深いオザンファンはダニエル・ヘンリー・カーンワイラーのオークションで彼の入札者を務め、当時の画家ジョルジュ・ブラック、パブロ・ピカソ、フェルナン・レジェ、ファン・グリスなどの作品を購入した。

ラ・ロッシュは収集した絵画のコレクションを展示できるスペースをもつ住宅の建設を考えていた。コルビュジエは故郷ラ・ショー・ド・フォンに完成していた「シュオッブ邸」を彼に見せた。その結果ラ・ロッシュは自邸の設計をコルビュジエに依頼した。

ラ・ロッシュは経済的な余裕はあったが厳格で質素な生活を好み、自分の住まいをこれ見よがしのデザインにすることは望まなかった。そのためこの家は全域にわたってピュリスト的合理性と厳格さが浸透し、「自体的存在の美学」が展開された住宅として知られている。人為的に凝ったデザインを排し、自然光の巧みな利用とポリクロミー（多色画法）による「建築的カムフラージュ」で純粋性に溢れたヴォリュームとサーフェスが生まれた。

「ラ・ロッシュ＝ジャンヌレ邸」と同じ一九二四年に完成した「アトリエ・オザンファン」から、「リプシッツ＝ミエスチャニノフ邸」「テルニジアン邸」「クック邸」「スタイン邸」を経て、一九三一年の「サヴォア邸」までを、コルビュジエの経歴の中では白の時代という。主にコンクリート造の建物を白く仕上げた作品群だ。その中の代表的なひとつが「ラ・ロッシュ＝ジャンヌレ邸」だ。

敷地のあるドクトゥール・ブランシュ通り八から一〇番地界隈は閑静な所で、建築家にとっては垂涎の的であった。当初三人以上のクライアントを想定していたが、結局独身のラ・ロッシュ氏の住まいと、コルビュジエの兄で音楽家の「アルベール・ジャンヌレ邸」を併設する

計画となった。

　ドクトゥール・ブランシュ通りのゲートからカル・ド・サック（袋小路）の奥深い敷地内に入ると、右手に三層の白い外壁面に水平連続窓を穿った長い躯体が見えてくる。手前が「ジャンヌレ邸」（現・コルビュジエ財団）で、その先に長屋のような連棟形式で続いているのが「ラ・ロッシュ邸」だ。途中に車庫がふたつあり、その間の壁が両家を分けている。この両者を合わせて「ラ・ロッシュ＝ジャンヌレ邸」と呼んでいる。

　「ラ・ロッシュ邸」に近づくと、正面にある棟がピロティで浮いており、なおかつ浮いた白い外壁が緩やかなカーブを描いて優雅な雰囲気を醸している。玄関は右手のくびれた部分にありその二階レベルはフルハイトの開口部。何回か訪れたが多くの場合、見上げた時にガラス越しにシェーズ・ロングが置いてあり、いかにもコルビュジエ作品という鮮明な印象を与えてくれる。

　玄関を入ると三層吹き抜けた高いエントランス・ホー

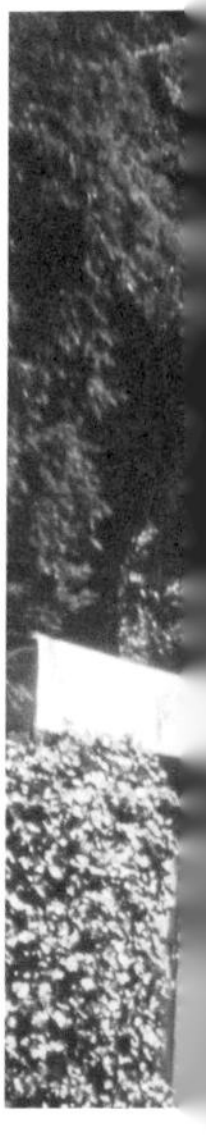

右頁｜袋小路の正面と右手の白い壁がラ・ロッシュ邸
左頁｜袋小路を見返す。左手はジャンヌレ邸

ル。入ってすぐ真上は前述のシェーズ・ロングが置いてある空中ブリッジの床スラブが走っている。このホールはギャラリーや図書室がある左側のパブリック・スペース部分と、右側にあるラ・ロッシュ氏のプライベート空間とを分ける中間領域だ。空中ブリッジは両域をつなぐ通路になっている。

ホール左手奥の階段を上がると、「ラ・ロッシュ邸」最大の魅力であるギャラリーへの序章が始まる。二階通路からギャラリーに入ると二層分吹き抜けた明るく広い空間。両サイド壁面上部にあるハイサイドライトから自然光が入る。右手壁面のハイサイドライトには、一九二八年、シャルロット・ペリアンと協働した改装で、内側にはブリーズ・ソレイ

右頁上｜ラ・ロッシュ邸の象徴と言うべきシェーズ・ロング
右頁下｜正面玄関の上の窓越しにシェーズ・ロングが見える
左頁右｜ラ・ロッシュ邸のピロティ。左側が玄関
右頁左｜シェーズ・ロング越しにギャラリー方向を見る

ユが装備され直射光を遮っている。ギャラリーは先述の曲面壁の内側にあり、ギャラリー最深部から三階へと曲面壁に沿ってスロープが上昇する。

コルビュジエはここで初めてスロープをデビューさせたが、これこそコルビュジエのデザイン・ヴォキャブラリーではよく知られた「プロムナード・アルシテクチュラル」(建築散歩)だ。上昇する視点の移動に伴って、建築的シークェンスやレイアウトが開示されていく素晴らしいデザインだ。「ラ・ロッシュ邸」での建築散歩は短いが、「サヴォア邸」のそれは内外空間を貫くスロープの折返しが三回もあり、「サヴォア邸」において「建築散歩」は完璧なものとなった。

このスロープは「サヴォア邸」を経てからチャンディガールの「議事堂」「高等裁判所」「合同庁舎」「チャンディガール美術館」、アーメダバードの「繊維業者会館」「サンスカル・ケンドラ美術館」、リヨンの「ラ・トゥーレット修道院」、ハーバードの「カーペンター視覚芸術センター」、東京の「国立西洋美術館」へと発展してきた。

またコルビュジエの脳裏にいつもあった実験的な試みである「アートと建築の統合」も、ここでは遂行されている。「ラ・ロッシュ邸」の空間と建築的ポリクロミー(多彩色)を同時期のコルビュジエの絵画と比較すると、いかに両者が似ているかが分かるのだ。

「建築散歩」、「建築的カムフラージュ」、「アートと建築の統合」という三つの特徴に加えて、「ラ・ロッシュ邸」で実現したコルビュジエ・ヴォキャブラリーの真骨頂は「近代建築の五原則」だ。ピロティ、屋上庭園、自由な平面、水平連続窓、自由な立面というデザイン言語は、近代建築のカノンと言われている。

さて「建築散歩」を楽しみながらスロープを上がり切って三階からギャラリーを見晴らすと、左手にスロープ、下にはペリアンとの協働によるグラン・コンフォール（ソファ）、カシェ・スタンダール（キャビネット）、作り付けの黒いテーブルといった、この空間ドラマの役者が勢ぞろいしている。その他コルビュジエの彫刻作品なども、グラン・コンフォール近くに配置されている時もあるようだ。

一階エントランス・ホールの右側はラ・ロッシュ氏のプライベート・スペース。その一階レベルはコンシェルジュの住まいで、二階と三階がラ・ロッシュ氏の居住空間となっている。先の二階ギャラリー側から空中ブリッジを渡ると、テラスのある彼のダイニングルームがある。ここはポリクロミーによって淡い暖色が配色され、クールなコルビュジエ空間では珍しく温もりが感じられる空間だ。

三階にはラ・ロッシュ氏の寝室、バスルーム、ドレッシングルームがある。特に寝室は「ピュリスト・ベッドルーム」と呼ばれている。というのはコルビュジエの「静物」、オザンファンの二作品など純粋派の絵画が掛かっているからだ。この寝室の窓から二階テラスを見下ろすと、

左頁上｜エントランス・ホールを見下ろす。シェーズ・ロングの下あたりが玄関
左頁下｜ギャラリー内部。左側に3階へのスロープがある

「ラ・ロッシュ邸」と「ジャンヌレ邸」双方のテラスが見え、共にトップライトがあるのが分かる。三階の屋上はルーフ・ガーデンだが見学禁止になっている。

「ラ・ロッシュ邸」は白の時代の初期作品だが、ここにはその後のコルビュジエ建築に展開されたデザイン・ヴォキャブラリーが多数初出している重要作品だ。コルビュジエが働き盛りの三六歳から三八歳にかけて完成した作品だけに、将来へ向けての意気込みやパワーが十分に感じられる作品である。

この建物を訪れるとまず気になる箇所がある。アクセス通路の一番奥に着くと分かるのだが、右側の二階はガラス張りの通路で、ここに通常は先述のようにシェーズ・ロングが置いてある。ここではシェーズ・ロングの存在は重要なのだ。かつてコルビュジエの「ユニテ・ダビタシオン・マルセイユ」に宿泊した時、ツアーの講師であった僕はちょっとデラックスな部屋をあてがわれた。そこにシェーズ・ロングがあり、しばしゆるりとした時間を過ごさせていただいた。

ラ・ロッシュ邸のダイニング・ルーム

ラ・ロッシュ邸(左)とジャンヌレ邸のテラスにトップライトがある

ギラルディ邸

Gilardi House

ルイス・バラガン

Luis Barragan

メキシコ、メキシコ・シティ 1978

Gilardi House
Luis Barragan

Mexico City, Mexico

1978

ショッキング・ピンクに包まれたシュールなプール空間

静謐感に満ちたルイス・バラガンの空間は寡黙な迫力を秘めている。多作な建築家ではなかったが、発表されたユニークな建築作品は他者を寄せ付けない魅力をもっている。特に住宅作品に秀作が数多く、中でも「ギラルディ邸」（スペイン語ではヒラルディ邸）はその特異なデザインで世界的に知られた存在だ。

「ギラルディ邸」が異色なのはまず住宅全体がショッキング・ピンク色に塗られていることだ。この派手な外観が、バラガン作品の著名度では一、二を争う作品に引き上げている。そのカラフルさは内部にも及び、インテリア空間にも意表を突くデザインが用意されている。カラフルな内部空間をひとつの舞台と仮定するなら、その主役はカラフルなプール空間である。

バラガンは一九六八年に「クアドラ・サン・クリストバル」を完成させてから引退し創作活動を

「ギラルディ邸」に近づくとショッキング・ピンクの迫力はさらに増して近隣を圧倒する

やめていたが、それから一〇年ほどしてフランシスコ・ギラルディ氏に自邸の設計を依頼された。しかし七〇歳を超えたバラガンは、すでに建築人生をリタイアしていたこともあり、このコミッションを受けようとはしなかった。そこでギラルディ氏は、自分の叔父ホセ・ギラルディ氏がバラガンの友達であったため、バラガンが自分のことを覚えていてくれたこともあり、自分の方から交渉のために会いに行ったようだ。

だが友人の甥に対し控え目なバラガンは、自分は建築家というよりむしろディヴェロッパーで住宅設計の専門家ではないと言って、設計を辞退したいという話ぶりであった。そこでギラルディ氏は敷地に育っていた容姿の美しいジャカランダの木やプールがある話をして、バラガンの気を惹きつけようと試みた。彼は設計を受けるかどうかに三ヶ月ほどの時間がかかると言ったが、果たして三ヶ月後電話を入れるとオーケーが出たという。

タクバヤの街路に面した建物の間口の長さはほぼ一〇mだが、奥行きの深さは三六mもある。そのため都市に面して堅固に閉じたファサードをもっている。松材の木質を十分露わにした玄関ドアは、ドアノブなども廃した堅牢な造りで、周囲の都市の景観の侵入をシャットアウトする。内部に開かれた空間を意図したバラガンは、ジャカランダの樹木があ

右頁｜髑髏が描かれた表札。ドアノブなどは一切ない
左頁｜タクバヤの通りに出現したショッキング・ピンクの「ギラルディ邸」

る位置に中庭を用意した。建物はこの中庭を中心に、道路側部分と奥側に分かれている。

　内部における一階の構成としては、一番道路側のブロックにガレージ、玄関、キッチン、バスルームがあり、中間部にはジャカランダの大樹がある中庭があり、その側面に廊下が奥へ通じている。一番奥のブロックにはプールのあるダイニング・スペースが中庭に面して配されている。

　まず玄関に入ると薄暗い玄関ホール。ソフトな木質のタイルが敷き込まれた空間を少し進むと階段ホールになり、ここは上部からの光で明るい。手摺りなしの階段は松材のウレタン仕上げ。

　住宅は道路側のブロックだけ三階建てで、後側は全て平屋である。松材の階段は寝室のある三階まで続き、二階にはリビングと書斎があり、

道路側には高い壁で囲まれたバルコニーがあり、テキーラ製造用の壺が配されている。また中庭側には二階レベルの外部通路が、プール棟の屋上テラスに通じている。

一階階段ホールから二階に上がらず、そのまま先に進むと中庭の側面にある廊下に通じる。ここには黄色に彩色されたガラス縦格子の窓が中庭側にあり、中庭側からの自然光が通過して輝く黄金の回廊と変貌する。廊下の先はプールのあるダイニングルームで、「ギラルディ邸」における話題のシュールな空間だ。

ブルーの壁面に囲まれたプールの中に、赤い壁柱が立っている。これは構造柱ではない。プール・コーナーの上部にあるハイサイドライトから白いシャープな光がブルーの壁面に落ちると、光は水で反射・屈折する。空間はひとつの舞台へと変貌し、水のステージ、青い壁の背景、主役の光と赤い壁柱の四者が織り成すドラマが素晴らしい。バラガンが創造したドラマツルギーによるこの悦楽を体験できるのは、訪問のタイミングによるから難しい。

さらにこのドラマが上演されている時に、先述の黄金の回廊によってフレーミングされたプール空間を見ると、赤い壁柱は見えないが青い壁を背景にダイヤゴナルによぎる一条の光が見える。この体験も非常に希少で貴重なものだ。僕は四回の訪問で全てのドラマを体験することができ、プール・サイドのダイニング・テーブルでギラルディ氏と杯を酌み交わしたこともある。

ダイニング・テーブルから中庭を見ると、バラガンが気に入ったジャカランダの大樹が素晴らしい枝ぶりを見せている。二〇一五年五月に訪問した時は、ジャカランダが大きくなり過ぎて家を壊し始めていると言われた。バラガン流の静謐な空間は居心地が良いと見え、この樹木は自由勝手に生長してしまったようだ。

「建築家としての自分の作品において、色彩と光は常に基本的な重要エレメントである。建築スペースをクリエイトする際には、両者は共に建築コンセプトを変えてしまうかもしれないほど重要なファクターである。だから壁面の色彩は再塗装するようにしてある。私は全ての作品は二年に一度再塗装すべきだと思っている」。建築空間のカラーにこだわるバラガンの色彩論だ。

バラガンの建築作品に反映されたモダニズム・コンセプトや環境との対話は、圧倒的な魅力を秘めている。その色彩、テクスチュア、構成エレメントはメキシ

右頁右｜2階テラスにはテキーラの壺とサボテンがあった
右頁左｜黄金の回廊のクローズアップ
左頁｜玄関から真っ直ぐ進むと黄金の回廊の先のプールの壁に光が見える

コ文化が生み出した産物である。そしてまた、バラガンはヨーゼフ・アルバース、ディエゴ・リベラ、チューチョ・レイエスなど多くの画家からの影響も受けているが、こと「ギラルディ邸」について言えば、ディエゴ・リベラとフリーダ・カーロから特に影響を受けているようだ。

バラガンはアシエンダと呼ばれる荘園や古い廃墟や教会を訪れるのが好きで、そこで出会った土着の材料に強く惹きつけられていた。バラガン建築の多くに使用されている黒い溶岩やその土地の石材、白く塗られたモルタルの壁などは、メキシカン・ヴァナキュラリティを古くから表現してきたもので、特にバラガンが好む材料だ。「ギラルディ邸」ではレンガ造の躯体にスタッコ仕上げとし、外壁は全体に外部から見える部分についてはピンク色に塗られている。

バラガンは「ギラルディ邸」が完成した暁には、これが自分の最後の作品となることから、住宅ではあるが必ず一般に開放して見学を許可してあげて欲しいと家主にお願いした。その言葉を遵守したギラルディ氏のおかげで、今日僕たちはこの素晴らしい家を見学することができるのだ。

しかし独身であったギラルディ氏は、自分が亡くなる前に、自分が使用していた当時の状態を保ったままで開放することを条件にこの住宅を同僚

右頁上｜プールの中には真紅の壁柱が立ち、シュールな雰囲気を醸している
右頁下｜プール脇のダイニング・スペースから中庭を見る
左頁｜中庭にはバラガンを魅了したジャカランダの樹木が大きくなっていた

に無償で託したという。当時住んでいた人はこの同僚の方である。だがその後僕が建築ツアーで訪問した時には、かなりの入場料を徴収していた。

　ギラルディ氏は非常に気さくな人で、書斎まで案内してくれ、一緒にコロナ・ビールやテキーラを飲み、僕が描いた「ギラルディ邸」のスケッチにサインをしてくれた。帰りに玄関まで送ってくれたのだが、彼はグラフィック・デザイナーで表札に髑髏のデザインを施していたことが分かった。髑髏の理由は失念。別れ際に手を上げてサヨナラをしてくれた。その後メキシコ建築ツアーに行った時、宿泊しているホテルに彼の訃報が届き、貴重な歴史の生き証人が逝って非常に寂しい思いをした。

プールの屋上には自然光を取り入れるスカイライトがある

ムーラッツァロの
実験住宅「コエタロ」

Muuratsalo
Experimental House “Koetalo”

アルヴァ・アアルト

Alvar Aalto

フィンランド、ムーラッツァロ
1953

Muuratsalo Experimental House “Koetalo”

Alvar Aalto

Mulattsalo, Finland
1953

北欧の森と水に囲まれた実験住宅

アルヴァ・アアルトの「コエタロ」といえば、二〇世紀の建築家がデザインした別荘の中でも屈指の作品として知られている。その他に有名な別荘は、ル・コルビュジエの「キャバノン」（休暇小屋）を始め、エリック・グンナール・アスプルンドの「夏の家」、ヨーン・ウッツォンの「キャン・リス」、ミース・ファン・デル・ローエの「ファンズワース邸」など、いずれも劣らぬ個性的な作品だ。中でもアアルトの「ムーラッツァロの実験住宅」は、他の夏の家とは違って「実験住宅」（コエタロ）という、別荘機能の他に建築実験的でポジティブな側面も兼ね備えているのが特徴だ。

北欧の巨匠アルヴァ・アアルトの住宅作品はかなり多い。ご存知「マイレア邸」を始め、「ヴィラ・タンメカン」「アアルト自邸」「アホ邸」「ルイ・カレ邸」「ヴィラ・シルツ」その他。だが自邸と別荘両方を自分で設計した建築家はそうはいない。また彼はユバスキュラを振り出しに、コミッションを得た土地に移り住むことで、自分の住まいを何回も変えた経験をもっている。だからアアルトは住み手としての経験も豊富で、住宅の諸々を知り尽くした作り手&住み手のプロだと言える。

正面にはリビングとダイニングがあり、右は寝室棟

ヘルシンキの「アアルト自邸」を訪れると分かるが、この家は自邸部分とアトリエ部分とに分かれている。種々のディテールに面白いものはあるが、自邸部分の方はリビング、キッチン、食堂など、ごく普通の家のような素朴な構成だ。リビングなどはアイノ・アアルトが愛用したピアノを始め、ソファなどが置いてあるが一見するところ狭く感じる。広いのは庭に向けての窓ぐらいで、これ以外はごく普通の家の居間といった印象だ。住まいを熟知したアアルトは程よい大きさで温かみのある住空間がいいと感じていたようだ。

「コエタロ」はそうした作り手と住み手のプロとしての技量が実現されている秀作だ。一九四九年先妻アイノ・アアルトが五四歳でなくなり、一九五二年に建築家エリッサ・マキニエミと再婚したアアルトは、「コエタロ」を二人の隠れ家的な夏の家として造り、ゲストはほとんど呼ばなかったと言われている。しかしゲストルームはあるし、居間の北側には長い作業用のテーブルと多数の椅子が配されていることから、所員も来て別荘生活を楽しみながら仕事をしているように感じられた。

当初この別荘はムーラッツァロの島につくられたもので、彼がデザインしたボートで湖を渡り彼がデザインした船着場に着くという、かなり手間のかかるアプローチしかなかった。その後セイナッツァロ（アアルトの有名な役場がある）方面から島つたいに二つの橋が架けられ、車でのアクセスが可能になった。道路から白樺と松の森である敷地への入口が、牧場の柵と言えそうな素朴な造りで微笑ましかった。

左頁上｜パイヤンネ湖側からみた「コエタロ」の正面。白い壁に囲まれている
左頁下｜中庭から見たパイヤンネ湖。中庭の中央には炉が切ってある

「コエタロ」は道路側から森を越えた反対側の湖畔に建っている。周囲は丈のある木立が取り巻き、中心となるレンガ造の母屋が南面に美しい湖を擁して静寂の中に座している。中庭を取り込んだ「コエタロ」は正方形プラン。その中で母屋は北棟と東棟がL字形に連続し、南西側に正方形の中庭を設けている。周囲は高いレンガ壁が取り囲み、中庭は内外部空間の中間領域とし、中央に外部のファイアー・プレイスとしての炉が切ってある。中庭を巡る高いレンガ壁があるのは強い風や厳しい自然から別荘生活を守るためだ。

中庭を含む建物全体を包むレンガ壁については、南側で東西両側から袖壁が出ているものの中央部は大きく開口され、素晴らしいパイヤンネ湖の水景が楽しめる。また寝室からは中庭西壁の大きな開口部越しに、アアルトの「ムーラメの教会」の塔がかすかに見えると聞いたが、僕が訪問した時には樹木が生育し過ぎたのか見えなかった。建物は母屋を始め、客室棟、作業小屋の三棟は白く塗装され、群としての白い建築群が緑の自然に対峙している。

他方中庭に面する母屋の外壁、塀のレンガ壁、さらに中庭の床は、レンガがそのまま使用されている。これらのレンガ面を五〇分割していろいろなレンガ積みパターン、レンガの耐候性、レンガ・テクスチュアのヴィジュアル効果などについての実験的な試みがなされている。特に母屋の中庭側外壁には、レンガの他にアアルトがよく使用した青色や白色

右頁｜煉瓦やセラミック・タイルがいろいろなパターンで貼られている寝室棟
左頁｜ダイニング側から見たリビング。上部は木造サスペンションの仕事部屋

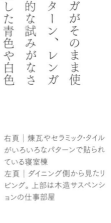

のセラミック・タイルなども実験的に貼られている。これが「コエタロ（実験住宅）」と言われる由縁である。

北棟のインテリアは、居間・食堂・台所が一体となった伝統的なフィンランドのトゥパと呼ばれる農家に着想を得ている。この北棟の屋根は西側に向けて勾配が上昇し高くなっており、内部は二階建てだ。そのため居間の上部はアアルトの仕事部屋が木造サスペンションで浮いている構造で、実験的な見せ場となっている。東棟は寝室棟で大中小と三つの寝室が廊下に沿って配されており、突き当たりの大きな寝室がアアルトのそれである。両棟の連結部分から裏側に向けて、客室棟への通路が延びている。

「コエタロ」には母屋の他に、客室棟、作業小屋、サウナ、ボート・ハウスなどの建物があるが、母屋以外は木造である。客室棟と作業小

屋の構造は自然石を土台とし、それに丸太の梁を渡して小屋を乗せている。これも構造的実験である。サウナも一部自然石の土台を使用しており、丸太造の小屋の屋根は芝生葺きとし、すべて自然素材でできている。ボート・ハウスにはアアルト・デザインの使用済みボートを展示してあるが、これも自然石の上に丸太を渡して土台としている。

「コエタロ」はたいして大きくない住宅の割には出入り口が五つもある。おそらくだが、水路でアクセスする場合と、陸路でアクセスする場合の両方を考えていたようだ。水路の場合、南面する花崗岩の崖を登る小道で中庭へ至り、北棟正面の居間のドアに到達する。さらに中庭に面する東棟には二つもドアがある。ひとつは北棟との角にあり、もうひとつはアアルトの寝室から直接中庭に出るものである。つまり中庭へは三カ所から出られるが、

右頁上｜アアルトの寝室
右頁下｜陸路でアクセスすると正面に白い母屋、右に客室棟、作業棟が出迎える
左頁｜ダイニング・スペース

これは中庭での行事などで、どこからでも出入りしやすいように便利さを心掛けたものか。あるいは季節の良い時に開け放って風通しをよくするための仕掛けであるのかもしれない。

　陸路の場合、北側の街道から森に入って湾曲した坂道を下り、「コエタロ」の東側へアクセスし、右手に作業小屋と客室棟を見て、母屋の東側にある正面への入口が四番目のドアだ。入ってまっすぐ進むと、キッチン、食堂を過ぎて居間に至る。左へ曲がると寝室群がある。右に曲がると客室棟に行くが、廊下の正面には北側への出口となる五番目のドアがある。こうしてみると、「コエタロ」には東西南北すべてにおいて、外部へのドアがあることが分かる。北国の割にはドアがあり過ぎると思うが、アアルトのここでの外部行動パターンが、作業小屋へ行く、サウナに行く、船着場に行く、中庭で行事をするなど、多岐にわたるものなので必然なのだろう。

　僕は、二〇世紀の巨匠建築家のうち、見学した作品が一番多いのはル・コルビュジエで、自分の計算では完成した七八件の作品のうち七〇件を訪れた。次に多いのがアアルトだ。

彼は生涯で二〇〇件以上を完成させているようだ。アアルト建築ツアーの時はフィンランドにある四〇から五〇件を見学したが、後日個人的にロヴァニエミまで北上し、彼の代表作である「ロヴァニエミ市立図書館」「ラッピアホール」「ロヴァニエミ市庁舎」を見学した。

二〇世紀巨匠建築家の中で、コルビュジエに次いで海外建築が多いのはアアルトかミースではないだろうか。アアルトの海外作品のうちニューヨークにある「カウフマン会議センター」は、アアルトがインテリアにだけ携わっているので、探すのに一苦労だった。ボストンの「MITベイカー・ハウス」は学生寮なので楽に取材できた。イタリアの「リオラの教会」はボローニャ郊外で市街地からかなり遠いところにあったが、道路から見た全景の美しい佇まいにうっとりした記憶がある。パリ郊外の「ルイ・カレ邸」は真冬で当然クローズしていたが、パリから関係者を呼んで特別に開けてもらった。ドイツの「アルヴァ・アアルト文化センター」なども含めて、アアルト作品はトータルで六十数件見学している。

道路脇の入口は
牧場の柵のような素朴なものであった

ボート小屋にはアアルトが使用していた
ボートが展示されている

Cabanon

Le Corbusier

Cap Martin, France

1952

巨匠が愛した南仏の隠れ家

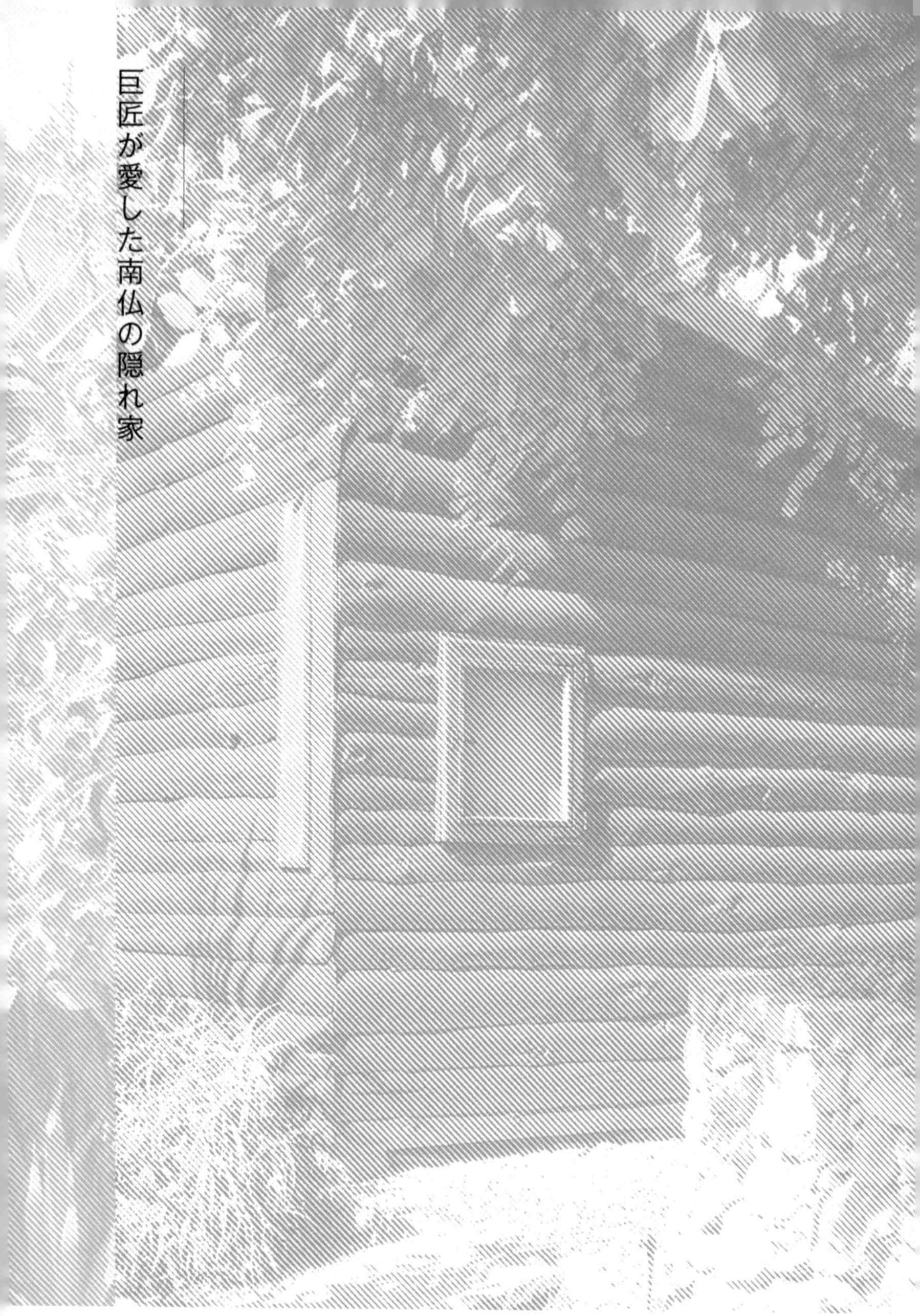

ご存じ有名な鴨長明の「ゆく川の流れは絶えずして、しかももとの水にあらず。淀みに浮ぶうたかたは、かつ消えかつ結びて、久しくとどまりたるためしなし。世の中にある人とすみかと、またかくの如し」。学校で覚えさせられた『方丈記』の冒頭文。鴨長明は下鴨神社の禰宜《ねぎ》（＝神社で神主の部下）の次男だったが出世がままならず出家し、京都日野の山中に構えた「方丈」（約九m^2）で閑居した。

ル・コルビュジエの休暇小屋「キャバノン」の話になると、反射的にすぐ鴨長明を思い出す。それは歌人・随筆家として著名になった鴨長明と、これまた世界的に有名な建築家ル・コルビュジエの晩年の住居形態が、非常にミニマルで似ているからだ。そうした超極小空間から、優れた文学や建築が生まれたという点も同じだ。鴨長明は「方丈」に住み、『方丈記』『無名抄』『発心集』を書き、一方コルビュジエは世界的に知られた「ロンシャンの教会」をここで創作した。

二〇世紀近代建築の枠を極めたスーパー・スター、ル・コルビュジエが、自分のためにデザインした建築が、わずか約

コルビュジエの休暇小屋として有名な「キャバノン」の外観

一三・四m^2の「キャバノン」だ。一九五二年に完成した「キャバノン」は木造の小さな休暇小屋で、南仏ロックブリュンヌのカプ・マルタンの海沿いにある。彼が一九六五年にカプ・マルタンの海で心臓麻痺によって亡くなるまで、毎年八月ここに滞在し休暇と仕事を楽しんだ。

スイスの山奥、ラ・ショー・ド・フォンに生を享けたコルビュジエは、ヨーロッパの北国に住む多くの人たちと同様、光溢れる暖かな地中海への思慕は抑え難いものがあった。というのは、コルビュジエは自分の血統の話となると、フランス南部のラングドック地方のカタリ派にまで言及するくらい精神的には地中海よりの人間であった。また彼の妻イヴォンヌは、ロックブリュンヌの先にあるマントンという街の出身であった。

コルビュジエはパリで『ラルシテクチュール・ヴィヴァント』誌を発行していた出版人ジャン・バド

右頁右｜玄関内部の正面に帽子掛けがある。その右手が室内
右頁左｜寡黙な表情の玄関入口
左頁｜室内海側を見る。右手は戸棚

ヴィッチを知り、彼を通して愛人であったアイルランド出身の女流建築家アイリーン・グレイを知った。彼らは彼女が一九二九年に南仏のカプ・マルタンにつくった「E.1027」という別荘を所有しており、コルビュジエはそこに招待された。彼は一九三〇年代に初めて彼女を訪問した。

それはまさにコルビュジエが目指すインターナショナル・スタイルの作品で、白い矩形のヴォリュームはコルビュジエの心を捉えた。その後頻繁に訪れるようになった彼は、グレイの留守中に、ピュリスムの逸品「E.1027」のタブラ・ラサ的な白い壁面に、カラフルな絵画を無断で描いて大紛争になった。

一九四九年、コルビュジエは大きなプロジェクトの設計のため、本格的に「E.1027」を借りてスタッフと住み込んだ。その時すぐ上の土地にあるレストラン「ヒトデ軒」で頻繁に食事をし、その店のオーナーであったトマ・ルビュタトと知り合った。彼

はこのエリアの土地持ちで、休日のビジター用宿泊施設をレストランの横に計画していた。コルビュジエは「ユニテ・ド・キャンプ」という五戸の集合住宅を設計した見返りに、レストランの反対側にある猫の額ほどの土地を譲り受け、そこに「キャバノン」を設計した。

「キャバノン」にはキッチンがない。食事は全て隣接するレストランの「ヒトデ軒」で済ますので、廊下にあるドア一枚でレストランに通じている。また浴室もない。夏季のみ「キャバノン」を使用するコルビュジエは、ホースを引き出し、樹木の下に仮のシャワーを作り使用していた。

「キャバノン」は、マントン方面へ行く鉄道線路に沿った「コルビュジエの散歩道」と呼ばれる細い小道のすぐ下側にある。小道から階段を下ったところが、海に開けた細長い敷地だ。海に向かって右側に「キャバノン」、そのさらに右側に「ヒトデ軒」が隣接している。逆に階段を下ったすぐ左側に「アトリエ」がある。これはコルビュジエのデザインによるものでなく、元は「キャバノン」建設時に使用した既成の現場小屋であり、後に内部を自分流に改造したのだ。

「キャバノン」は最寄りのロクブリュンヌ駅から徒歩一〇分ほどのところにあるが、小道は非常に狭く建設資材を運ぶ車ではアクセスできない。そこでコルビュジエが、友人であり時の文化相アンドレ・マルローに頼み、貨物車両を敷地の前で特別に停車

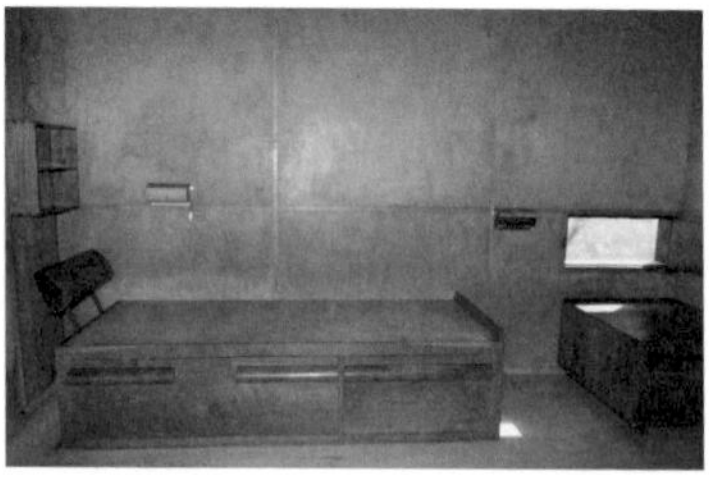

右頁｜海側とは反対側にはベッドがあり、左側のカーテンは赤く、トイレ用
左頁上｜絵が描かれているのが玄関の壁
左頁下｜室内入口側を見る。帽子掛けの後ろがトイレになっている

させてもらって資材を敷地に運んだというエピソードは有名だ。

建物は大きなイナゴマメの樹木の側面に位置し、黒褐色の松丸太で覆われた堅牢な山小屋のような風情。妻イヴォンヌに捧げられたこの休暇小屋は、極小空間の小さなものだが彼にとっては居心地がよいもので、「私はコート・ダジュールに城をもっている」というのは彼の口癖であった。一九五一年、彼はヒトデ軒で食事をする間の四〇から五〇分で「キャバノン」のプランを描き上げ、その骨格となる部分はほとんど変更なしで建物は完成したという。

海側から見て建物左端にある狭いドアを入ると、左側にコルビュジエの絵が描かれた狭い通路が奥まで伸びている。突き当たりの壁は帽子掛けとなり、その背後はトイレ。左側のドアはヒトデ軒に通じ、右にはいるとオープンな正方形ワンルームだ。ここは居間、寝室、仕事部屋、洗面、収納を兼ねた多機能空間。

上｜アトリエはコルビュジエの設計ではなく、「キャバノン」建設時の現場小屋
下｜アトリエの大きなテーブルで設計をしていたようだ

この空間はコルビュジエの有名なヒューマン・スケールの基準尺度であるモデュロールに従って構成されている。一八三cm（ヨーロッパ人の身長）の二倍の三六六cmを部屋の一辺とした正方形空間を、内周に沿って四つの二二六cm×一四〇mの長方形によりスパイラル状に分割すると、中心部に八六cm四方のスペースができる。これらの長方形空間の中に、二つのベッドを始め、洗面、デスク、収納などが巧みに配されている。

エントランス通路とトイレは、この正方形空間の別空間となっている。また収納スペースは一部天井にも用意されている。開口部は五カ所（トイレにひとつ）、例えばベッドサイドのそれは低い位置にあり、デスク脇の窓は海への眺望を楽しむためにある。風を取り込むために縦長の窓をコーナーに配すといった具合に、コルビュジエは周到なコンセプトで開口部をつくっている。

コルビュジエはすぐ横にアトリエをもっていたが、大きな図面や図面をたくさん広げる必要のある時は、背後の丘にあるロクブリュンヌ城の部屋を借りていたようだ。これは僕が初めて

敷地を遠望する。小さく白い建物がアトリエで「キャバノン」は樹木で見えない

「キャバノン」を見学した時に、バレス氏という市の職員から聞いた話である。それで僕はその城にも行って、それらしき広い部屋の中で、この辺りでスタッフたちと「ロンシャンの教会」の図面を広げて討議していたのだろうと、勝手に想像したのだった。

バレス氏はキャバノン見学の後、ついでにアイリーン・グレイ設計の「E.1027」も見せてくれた。だがホームレスたちのヴァンダリズムで内部は荒れ果てていた。僕は彼に頼んで、外に落ちていた建物のコンクリート片を記念に頂いた。屋上にも案内されたが、ガラス張りの塔屋も破壊されていた。その後も建築ツアーで何回か行ったのだが、今では「E.1027」は改修され、グレイがデザインした有名なE.1027サイドテーブルやビバンダム・チェアがきれいに配され、空間とのナイス・マッチングを見せていた。この時彼女の第二の別荘「タンプ・ア・ペヤ」が山の方にあると知り、コルビュジエ夫妻のお墓の見学ついでに行ったが、内部は見ることができなかった。

建築ツアーで「キャバノン」を見学に行くたびに、必ず通るのはコルビュジエが水泳中に亡くなったカプ・マルタンの浜辺だ。元々僕は著名建築などで、木の葉や石を採集する趣味があり、初めてこの浜辺に一人で来た時、偶然白い円形のラインが入って石を見つけてもちかえった。その後ある時東京でコルビュジエ展が開催され、そこの展示品の中に、コルビュジエ愛用のメガネと円形ラインが入った石が同じプラスティックのケースに入って展示されているのを見た。コルビュジエも同じ石を拾っていたのだ。

フランク・ロイド・ライト自邸&スタジオ

Frank Lloyd Wright Home and Studio

フランク・ロイド・ライト

Frank Lloyd Wright

アメリカ、イリノイ州シカゴ

1889

Frank Lloyd Wright Home and Studio

Frank Lloyd Wright

Chicago, Illinois, USA

1889

プレーリー・スタイルを体現した豪邸

シカゴ郊外のオークパークはまさにアメリカの典型的な高級住宅地だ。鬱蒼たる緑が通りを覆って、木漏れ日が通りや豪邸の前庭に戯れるシカゴきっての一等地。この素晴らしい景観の中に、「フランク・ロイド・ライト自邸&スタジオ」や「ユニティ・テンプル」といったライトの代表作がある。

若き日のライトはルイス・サリヴァン事務所のドラフトマンとして働き始めて早々に頭角を現し、ヘッド・ドラフトマンとなり、住宅建築における目覚ましい能力を発揮した。一八八九年、サリヴァンは、ライトがオークパークの土地を買い、家を建てるための資金をローンで提供してあげた。その時、ライトは二一歳、妻のキャサリン・トビンは一九歳であった。

ライトは家族が増えて費用がかさみ収入を増やす必要があったのと、自分の建築デザインをしたいと思ったことから、サリヴァンに内緒で個人的に住宅建築を請け負い、何件か手掛けた。しかしこれはサリヴァンと結んだ雇用契約に違反したものであった。一八九三年、それに気づいて激怒したサリヴァンと別れたライトは、シカゴ・ダウンタウンに自分の事務所を開設した。

ライトは一八八九年に自邸を建ててから一九〇九年までの二〇年間、オークパークに住んだ。ここでトビンとともに六人の子供を育てた。つまり八人家族という大所帯に膨れ上がったのだが、家族が増えるとともに増改築を重ねた。

シカゴ・アヴェニュー越しのスタジオ外観。右手の樹木があるところが住宅側

一八九五年にはプレイルームを増築。一八九八年にはここに事務所を移したために、シカゴ・アヴェニュー側にスタジオを増築した。

ライトが選んだ敷地はもともとスコットランド人のランドスケープ造園家が手がけた保育園があった土地で、エキゾチックな植栽が施されていた。ライト家はフォレスト・アヴェニューでは古い方の家であった。当時シカゴ・アヴェニューには数件しか住宅がなく、実際、北側のシカゴ・アヴェニューは砂利道で、その先は大草原(プレーリー)へと続いていた。

ライトの自邸は西側のフォレスト・アヴェニューに面し、ほぼ正方形の大きな前庭があった。ライトは住宅を敷

地の南側に寄せて配置し、豪華な庭への眺望を最大限生かすような工夫を施している。玄関へは前庭の南側寄りにある通路を伝ってアクセスする。屋根と外壁はヨーロッパ的なシングル葺きだが、ライトは後にプレーリー・スタイルとして知られる新しいアメリカ建築のタイプを生み出した。彼は将来シカゴ・アヴェニューが交通量の多い大通りとして発展していくことを期待していた。

　自邸の正面側ファサードは幾何学的構成で、巨大な切妻形のそれは一度見たら忘れられないほどシャープで迫力ある印象だ。切妻の下端は、彼の代表作「ロビー邸」のようにプレーリー・スタイルの特徴である長く水平に伸び

右頁｜広い前庭から見た住宅外観。
大きな切妻屋根が豪邸を連想させる
左頁上｜ギリシャ彫刻「ミロのヴィーナス」
が置かれている玄関ホワイエ
左頁下｜リビングのコーナーを見る。
開口部は出窓となっている。

た庇で、深い軒がファサードに陰影を与えている。ライトは窓を、単に壁に空いた穴とは考えず、ガラス面全体にダイヤモンド形のパターンを施すことで、壁面の連続体とした。切妻の頂点の下にはリュネット・ウィンドウ（半円形窓）を施し、シンボル性をさらに強調している。

この住宅は家庭的なコテージの雰囲気を失わず、素朴な一方で重厚な威厳も体現している。オーバー・スケールな屋根、大きな玄関ドア、植物鉢を頂いた門柱に挟まれた大階段などが、過度にならないモニュメンタルな雰囲気を醸し出して素晴らしい。組積造の塀で囲まれた広いベランダが玄関側を取り巻き、外部ルームのような雰囲気をもつこの部分は、内部への移動をスムースに受け入れてくれるスペースだ。

玄関ホワイエに入ると、正面右手にあるライト特有の四角いスピンドルで構成された側壁が二階への階段室をカバーしている。オーク材による手作りの階段部分は、ライトの生涯にわたる幾何学的フォルムへの傾注を如実に表現している。欄間部分にはライトが買った、ヘレニズム時代の石膏フリー

右｜スピンドル・ハイバック・チェアで囲まれたダイニング・テーブル
左｜スタジオのエントランス

ズのコピーがあしらわれている。ライトは現代建築に古典的な形態を取り入れることは嫌ったが、ギリシャ彫刻については賞賛していた。

玄関ホワイエから左折するとリビングで、玄関からリビングを通してその先の書斎（元は食堂）まで視線が届き、仕切りのない三つの空間が連続していて非常に広い印象だ。居間の暖炉の脇にはイングルヌックと呼ばれる居心地の良いベンチがある。本棚にはビッシリと書籍が詰まり、子供たちは好きな本を取り出し、窓際のソファや暖炉脇のベンチで読書に興じた。ライトは居間の統一の取れたインテリアスケープを考えて家具類をデザインした。開口部については、コルビュジエのように「水平連続窓」とは言わず「光のスクリーン」と呼び、ひと続きの窓と考えていた。

ライトは元のキッチンを改修し、ベイ・ウィンドウ部分を拡張してダイニングとした。ここで初めて、外観、開口部、インテリア・デザイン、隠し暖房など全てを統合したデザインを試みた。そのわりには素朴な材料が使用されている。床

リビング側から見た書斎。正面の通路はスタジオへの渡り廊下

はテラコッタであり、天井と壁面は絵画用のキャンバスだ。ダイニング・テーブルの天井には、テーブルと同サイズの間接照明が木製フレームに和紙という構成で装備されたが、現在は和紙のかわりにグラスファイバーとなっている。

ダイニング空間の特徴は、大きなオーク材のテーブルを囲んだ六脚のスピンドル・ハイバック・チェアによって囲まれているということだ。ライトが「部屋の中の部屋」と呼んだこの空間は、例えば来客を迎えての楽しい食事空間をハイバック・チェア群が間仕切り、ひとつの和める空間を構成する。これと同じように、チャールズ・レニー・マッキントッシュはグラスゴーの「ウィロー・ティールーム」において、ハイバック・チェアで限定された飲食空間が複数存在する空間を設計した。僕も利用したことがあるが、実際の店内は賑わっていても自分たちのテーブル空間は独立した雰囲気を維持できるという体感があった。

「ライト自邸」の圧巻はやはり子供のためのプレイルームだろう。増築したキッチンの二階につくったプレイルームは、ダブル・ハイトの巨大なアーチ形天井。これはライトの師匠ルイス・サリヴァンによる「オーディトリアム・ビル」のアーチを参照したという。正面に大きな暖炉を配し、その上には壁画がある。両サイドには大きな出窓があり、天井

右頁｜スタジオ内部。明るい照明と大きな窓で細かな図面も見やすい
左頁｜師匠ルイス・サリバンの「オーデイトリアム・ビル」を参照したプレイルーム

中央部にはトップライトを配している。反対側には本棚とグランド・ピアノがあり、ピアノの後部はスペース節約のため階段室に飛び出している。これは傑作だ。

ここではコンサートやピアノの演奏会などが催された。ライトが小さい時に母親から与えられたフレーベルのブロックも置いていたようだ。六人という子沢山のライトだが、子供のためにいろいろなアイディアを盛り込んだ自邸を設計したことから察するに、かなりの子煩悩だったのではないか。

二〇世界最大の建築家と言っても過言でないフランク・ロイド・ライトは、スキャンダラスで波瀾万丈な人生を過ごした建築家でもあった。そうした視点から判断すると、彼は不屈の精神とパワーをもった人間であったのだろう。代表作としては世界的

に有名な「落水荘」を始め、「グッゲンハイム美術館」「タリアセン・イースト」「タリアセン・ウエスト」などを残している。日本には「旧帝国ホテル」「山邑邸」「自由学園明日館」「林愛作邸」など、九一年間の人生で四〇〇件以上の作品があるスーパー・スターだ。仕事柄ここに挙げた彼の作品は全部見学しているが、自分の著名建築の見学体験としては、ル・コルビュジエの七〇件、アルヴァ・アアルトの六一件に次いで三番目多い二八件を訪れていることになる。

「フランク・ロイド・ライト自邸&スタジオ」には立派なデザイン・ショップがある。流石にライトの建築だけあって魅力的なお土産品がいっぱいだ。「落水荘」や「グッゲンハイム美術館」もまたしかりだ。百数十回にわたる海外の著名建築見学で買ってきた土産は膨大な数にのぼるが、そのほとんどは手元に残っていない。建築講演会で行う建築クイズの賞品としてきたからだ。早く海外旅行が可能になり、オンライン講演からオフライン講演となり、また建築クイズができたらいいと願っている。

プレイルームの反対側を見る。
グランド・ピアノが壁の中に押し込まれている

Maison Planeix
Le Corbusier

Paris, France
1928

住民が好むコルビュジエの都市型住宅

二〇世紀建築の巨匠たちが残した著名住宅に、現在でも住人がいるケースは非常に少ない。それは建築家が二〇世紀における世界の巨匠であるからして、そのような貴重な建築遺産は国や市などが買い上げて保存・公開するケースが多いからだ。今までに僕が見学した中で住人がいる住宅は、ルイス・バラガンの「ギラルディ邸」、ルイス・カーンの「フィッシャー邸」と今回の「プラネクス邸」であった。住人がいると当然話が盛り上がり、ここで書く内容も濃密になってくる。

パリやその近郊にあるコルビュジエ作の住宅では、「サヴォア邸」「アトリエ・オザンファン」「ジャウル邸」「ラ・ロッシュ邸」とコルビュジエの住まいであった「モリトール街のアパート」以外は、ほとんどが今でも住まわれているようだ。それらは「ヴォークレッソンの住宅」「ウィークエンド・ハウス」「スタイン邸」「クック邸」などである。

巨匠の住宅で住人がいる場合、見学できるかどうかはその住人次第なので、見学できる住宅はさらに限られる。「プラ

ファサード1階部分は3分割され、中央部分が「プラネクス邸」の入口

ネクス邸」はそうした巨匠の住宅作品の中でも、見学については非常に寛大だということを聞いたことがあった。それでパリにいる日本人の友達に申し込みをお願いするとオーケーがでて、二人で首尾よく見学できることになった。

そんなパリの住宅作品の中でも、施主が二代にわたって長年住み込んでいるのが「プラネクス邸」だ。パリ南部のペリフェリック（環状道路）のもう一本内側（北側）を走るマセナ通りに面している。一九二八年の竣工当時は、表側に牧場のような緑の風景が拡がっていたという。二〇〇一年一二月八日、見学予約を入れてあった僕は、パリに住む友人とここを訪れた。午前一一時、緊張しながらベルを押すとご主人が迎えに出て来てくれた。長身で若く、非常に感じのよい人だった。

「プラネクス邸」は正面から見ると、全くのシンメトリックなファサードをもっている。一階部分はほとんどガラス張りで、それが三つに分割されており、左右は賃貸事務所スペースで、中央が「プラネクス邸」のガレージ。左右の事務所の内部には中二階がある。この上に「プラネクス邸」が二層で乗っているので実質的には四階建てくらいある。僕が訪れた時は左側の事務所を見せてもらったが、そこには当時設計事務所が入っていた。

右頁右｜北側（裏側）の外観。外部階段で「プラネクス邸」にアクセスする
右頁左｜北側の庭を見下ろす。上側のブリッジは居間から庭に通じている
左頁｜マセナ通り越しに見た正面。緑に覆われて上部が見えない

ファサード二階の中央部に、ファサードと同じような正方形の小さなボックスが突き出ているのが、「プラネクス邸」の特徴だ。二階はプラネクス家の生活空間となっているが、この部分は主寝室となっており、ボックスのファサード中央部には小さな窓が穿たれている。ボックスの左右にはコルビュジエ得意の水平連続窓が延びている。

ファサード三階を見ると、ボックスの上に手摺が見え、その背後にドアがあることから、ボックスの上はバルコニーになっていることが分かる。ここからかつてはきれいな緑の田園風景が眺められたであろうが、今はマセナ通りの騒音がひどい。三階はコルビュジエにこの家の設計を頼んだ画家である祖父のアトリエになっている。

さて両開きの正面ガレージの扉をくぐり、車の脇を通って階段を上がると北側の裏庭へ出る。そこから外部階段を上がると二階レベルの北向き玄関に至る。玄関を入ると廊下が奥に伸びており、左手にキッチン、右手にリビングがある。ここは北向きだが緑の庭に面して大きな開口部があり、下側にスチームの暖房が通って暖かい。訪れた際には、パリの寒い一二月なのにご主人は半袖シャツだ。

居間の北側開口部の反対側の壁はコルビュジエ流の厚い壁が配され、壁の中に種々の収納や本棚が隠されている。家のほとんどはオリジナルのままで使用しているという。だがリビングのプランはL字形のはずだが、実際には長方形の空間となっていたので、この部分については壁で仕切ったようだった。また廊下にあったトイレは非常

キッチンは裏庭に面している。設備は現代のもの

リビングの扉を開けて廊下越しにキッチンを見る

に小さく、背の大きなコルビュジエがよくこんな小さなトイレをデザインしたものだと思った。

「プラネクス邸」に関しては、寝室にもデザインの枠が凝らされている。主寝室は、この建物の特徴である道路側外壁に突出したボックス部分だ。内部はベッドの足の方向が、この突出部分に向く配置。その突出部分のニッチ空間にある左右の窓を開けると、マセナ通りからの騒音はかなり激しい。ところが閉めると、かすかに聞こえる程度になるのには驚いた。

さらにベッドに目を向けると、枕元の両サイドに装備された読書灯があった。シャルロット・ペリアンのデザインによるこのライトには、可動フィンが装着されており、光の方向や光量を自在にコントロールできる優れもの。ワードローブもペリアン作で、ガラリを手で上げ下げするユニークなシステムだった。

主階である二階レベルにある息子夫婦のための空間をひと通り見学させてもらってから、三階の両親の部屋を見た。こ

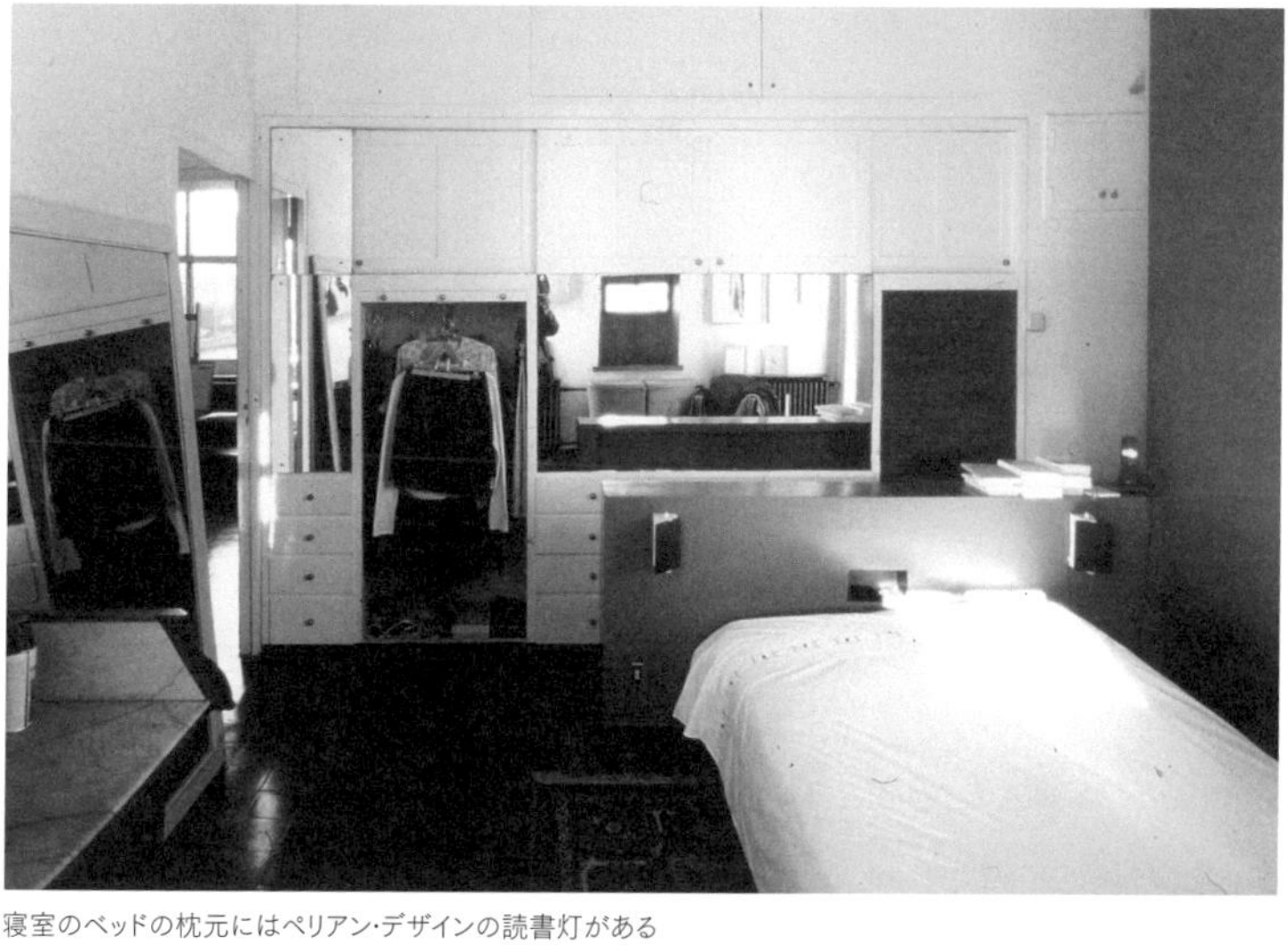

寝室のベッドの枕元にはペリアン·デザインの読書灯がある

こは現在プラネクス氏の両親が住んでいるが、元は画家であるプラネクス氏の祖父のアトリエであった。その祖父がコルビュジエに設計を依頼した張本人だ。

この階はアトリエであったために天井高があり、しかも鋸形をした二連の大きなハイサイドライトが南向きに装備されて非常に明るい。アトリエはかなり広く、三階の四分の三ほどを覆う広さで、残りの四分の一がエントランスと寝室という割合だ。芸術家のアトリエは常にカッコイイが、それに巨匠建築家が携わることで、その魅力が倍加される気がする。

三階の見学を終えて外に出ると、外部階段がまだ上に続いているではないか。プラネクス氏に聞いてみた。「屋上に出ていいですか」。「ノー・プロブレム!」と快諾を頂き、僕と友人は喜び勇んで屋上へ。そこはスイスの「小さな家」と同様、コルビュジエの「近代建築の五原則」のひとつ、屋上ガーデンになっていた。

一時間ほどでひと通り見学して居間に戻ると、多く

3階はかつて画家の祖父のアトリエであり、ハイサイドライトで明るい

の見学客から住人に贈られた書籍がたまっていた。その中に日本の『家庭画報』があった。僕も自分の『ヨーロッパ建築案内』の第一巻にサインして贈呈した。自分の本が、コルビュジエの「プラネクス邸」の書棚を占めていると思うと嬉しい。

著名な「プラネクス邸」は、ピュリスムに浸っていた一九二〇年代のコルビュジエの傑作だ。一九二八年に完成したこの住宅は、コルビュジエにも影響を与えたアドルフ・ロースが、一九二六年にパリのモンマルトルに完成させた「トリスタン・ツァラ邸」を少し意識していた様子が窺われる。「トリスタン」の凹んだファサードを、コルビュジエは反転させて突出させた。ロースは逆に「プラネクス邸」を意識して、一九二八年にウィーンに設計した「モラー邸」に、その突出部分を参照したデザインを施した。このふたつの住宅は互いのファサード・デザインが非常に似ていることで、二〇世紀住宅史における話題のひとつになって

リビング内部。右の黒い扉からブリッジが庭に伸びている

いる。

先述したように、建物は一階の左右に二層のレンタル・アトリエを擁し、中央部は「プラネクス邸」の車庫を兼ねた入口となっている。庭側の二階、三階へのアクセスはすべて外部階段からとし、普通の住宅にはなかなかない構成だ。また居間とアトリエはオープン・プランとなっている。これには理由がある。すべては初代プラネクス氏が、自分の事業（彫刻家&画家）に連動して、将来的な増改築の可能性を考えていたためで、それに応えたコルビュジエの入念なデザインの結果であった。

二〇世紀近代建築の巨匠たちによる住宅で、今なお住まわれている作品に出会ったのは、冒頭で述べたように三件だが、ここはプラネクス氏が寛大であったことにより、非常に見学しやすかった。屋上で拾った石と庭の木の葉を記念にいただいた。僕のストーン&リーフ・コレクションに素晴らしいアイテムが追加された。

冬のマセナ通りには緑がなく建物がよく見える

夏の家

Summer House

エリック・グンナール・アスプルンド

Erik Gunnar Asplund

スウェーデン、ステンネース
1937

Summer House
Erik Gunnar Asplund

Stennäs, Sweden
1937

北欧の海辺に佇む白亜のコテージ

スウェーデンの建築家グンナール・アスプルンドは、フィンランドのアルヴァ・アアルトやデンマークのアルネ・ヤコブセンに多大な影響を与えた北欧近代建築黎明期における巨匠であった。ストックホルムから南へ五〇から六〇km、バルト海に面した奥深い入江の静かな海辺に位置する彼の「夏の家」は、晩年の傑作として名高い。一九四〇年に他界した彼は、一九三七年に完成した「夏の家」を、わずか二、三年しか楽しんでいない。アスプルンドの生涯は五五年間という非常に短いもので、作品も残っているものは一五、六件と少ない。

海辺に佇む「夏の家」は、背後の岩山が海風を遮ることができるように、妻側を海に側に向けた配置。農家をベースにしたデザイン故に、外観・内観は一見すると普通の家のようだ。だが細かく見ていくとアスプルンドの周到なデザインに驚く。その発見の連続が見学の楽しみだった。

西側のアプローチ側から見て、家の背後（東側）には広大な草原がある。右手の海側に目をやると、緩やかな下り勾配の土地はやがて湿原となり、その上に木道が配され、海が深くなった辺りに船着場が設けられている。となると敷地の南限は海際までと理解できるが、その

海側から見た「夏の家」。正面の窓はリビングで入江がよく見える

他の方角はどこまでが敷地なのか皆目分からない広さである。大きな樹木が一本、家の海側に葉を広げている。

建物は切妻の棟が長く南北に横臥し、その南端にほぼ四角い切妻のリビング棟が五度ずれて接続されている。これは自分の勝手な推察だが、リビングの開口部からの湾への眺望を最適なものにするために、微調整をしたのではないか。だが「スネルマン邸」でも同種のことをしており、こうした微妙な傾斜は、空間における視線を意識した彼特有の設計手法なのか癖なのか。

建物の外壁は白く長い横羽目板張りで、農家を参照したとはいえかなりエレガントな表情。これに対し、屋根は板葺きなのだが、細長い板が揃って葺

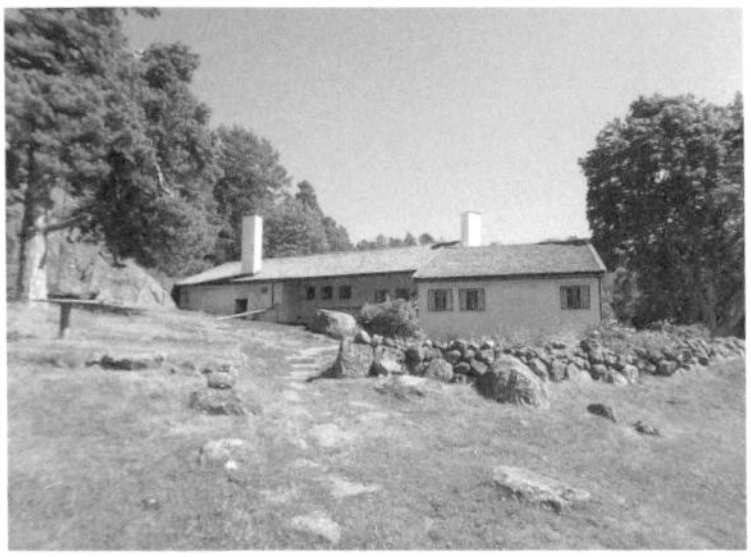

右頁上｜アプローチから見た「夏の家」。右手が海の方向
右頁下｜板葺きの屋根はランダムに葺かれている
左頁｜背後にある崖の上からの眺望。細長い入江の奥に船着場がある

かれているのではなく、ランダムな仕草で葺かれているのだ。美しい緑の芝生と白い壁が、荒々しくラフな板葺き屋根と対照的で相乗効果を発揮している。

二本のチムニーが立つ建物に近づくと、日本庭園の影響と言われる飛び石のアプローチが、長い居室棟とリビング棟の接続部分にある玄関に向かって延びている。西側は長いテラスとなっており、休息や日光浴をするための椅子が多数並べられていて、居心地は十分よい。ここからは、来客があったことはすぐ分かるが海は見えない。

さてテラスから鮮やかなブルーの扉を入ると玄関ホール。ホールの右手のドアはリビングへ通じているが、玄関

に入るすぐ手前にも右手にドアがあり、テラスから直接リビングへ出入りができるようになっている。玄関を擁する親しみ易いこのテラスを見ると、ソーシャルなスペースが外部と内部を繋げているのが分かる。

ル・コルビュジエに影響を受けたアスプルンドは、機能主義（ファンクショナリズム）の紹介者として知られている存在。彼は「夏の家」において、その伸びやかな外観形状に対し、内部空間を巧みに小さく分割している。それが親しみやすさと居心地の良さを醸し、さらには多数ある出入口や動線などによって、その機能性が遺憾無く発揮されている。

居間に入るとすぐ幅広い階段があり、四段ほど降って床レベルになる。ユニークなのはその階段の東側コーナーに設けられた暖炉だ。もともと「夏の家」自体がスウェーデンの農家を参照したものだが、暖炉も伝統的な農家の竃《かまど》を参考にしている。面白いのは暖炉が数段の階段を覆って、それを火床にしている点だ。普通暖炉は立面がスクエアに

玄関前の扉はブルー。正面の白いドアは直接リビングに入る扉

なっている。しかしここでは大きく湾曲しており、暖炉自体が大きいのでさぞかし暖かだったろうと思われる。

　このリビングには当然テーブルやソファが置かれているのだが、西側壁面には長い造り付けのデスクが南北方向に延び、椅子も何脚かある。このリビングはアスプルンドの仕事部屋をも兼ねている。南側には海を観賞するための開口部が設けられているのは言うまでもない。暖かな日差しが流れ込み、暖炉の効果と相まって、ぬくぬくとした空間のソファにアスプルンドがまったりと過ごしている様子が想像されてしまった。

　実はこのリビングには、暖炉の他にも特徴ある仕掛けがある。リビングの床下には深い穴が掘り込まれており、ここは地下収納庫で冷蔵庫の役目も兼ねているのだ。アスプルンドは長期保存が必要と思われる食料などを、冷えた地下空間の冷房力で保存していたのだ。わりと頻繁に使用するものは、ロープをつけたカゴに入れ、出し入れしていたようで、その様子を見せてもらった。

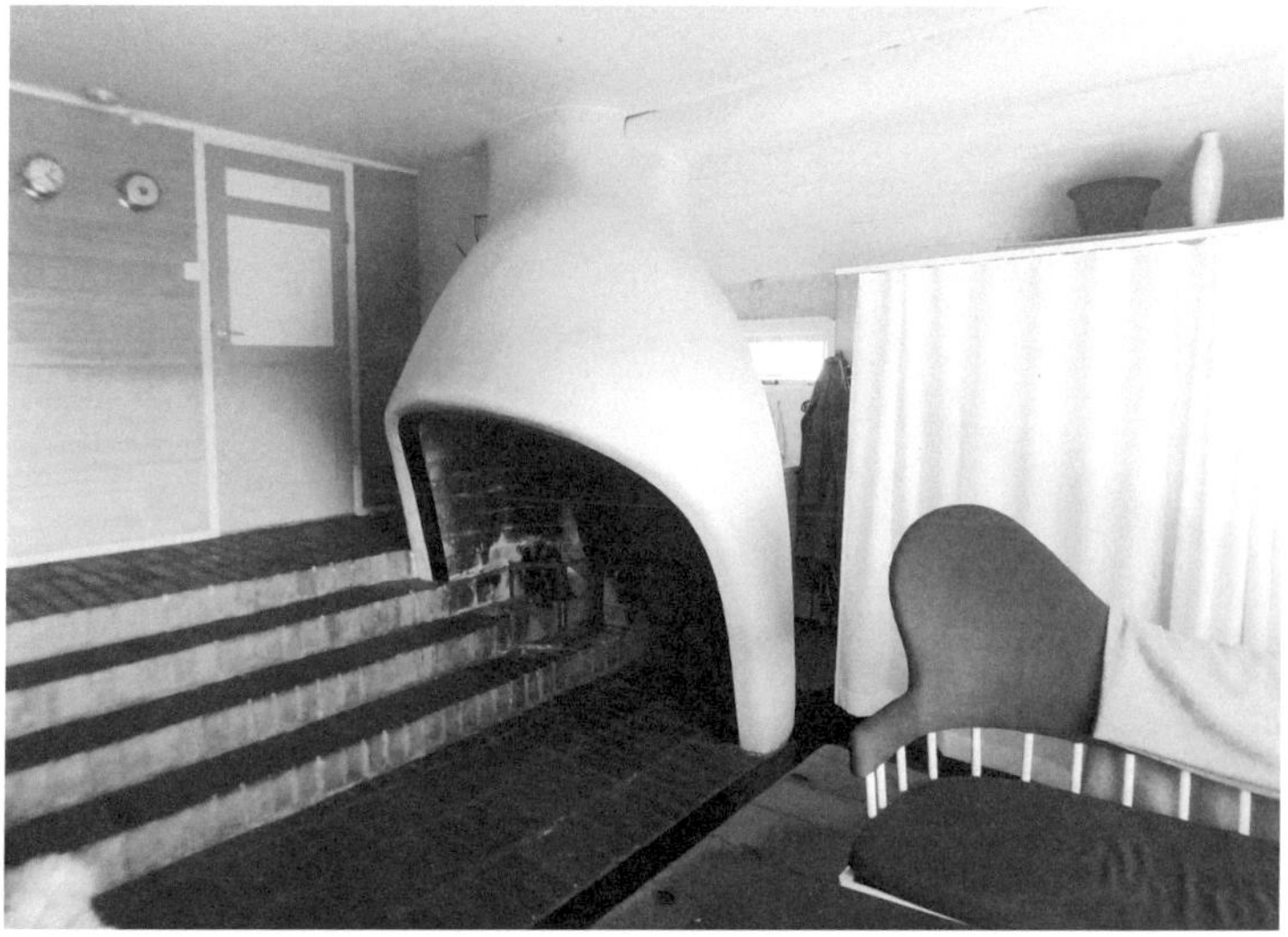

リビングの階段にまたがる大きな暖炉

またこのリビングには、アスプルンドが日常使用していた私的なグッズが展示されていて興味を引いた。そのひとつは、北側の壁に掛かっていた彼がよく着ていたピーコートだ。これは自分も大学時代に愛用した大好きなファッション・アイテムのひとつで、普通は濃紺か黒が多いのだが、アスプルンドのそれはグレーだった。汚れていたがかえって艶めかしかった。それを着た彼の渋い写真が南側の棚に飾られていた。

その写真立ての背後にガラスケースがあり、ホームバーのようなので覗き込むと、彼が日頃呑んでいたと思われるウィスキーのようなボトルがあった。ラベルを見るとフランス・ノルマンディー産のカルヴァドスだった。アスプルンドは洒落たドリンクを嗜んでいたのだ。

「夏の家」の母屋にはトイレがない。トイレは離れになっており、母屋の北妻側にあるキッチンのドアから、数十メートルのところにシャープな切妻屋根を頂いて立っている。母屋の玄関ドアと同様、鮮やかなブルーのドアがトイレとも思えない表情だ。内部は水洗トイレでなく、昔日本にもあったボットン便所だった。底が乾いた土

アスプルンドが仕事をしたと思われる長いデスク

なので、音は聞こえないが、不思議なことに便座がふたつ並んでいる。二人で入るのかなと思ったが、今をもってもその正解は分からない。

北側にある岩山の上から見下ろすアングルが、「夏の家」のベスト・アングルであることは、建築フリークの間では常識となっている。このヴァンテージ・ポイントから見ると、繋がったふたつの切妻屋根が光り輝く海方向へ延び、長い東側立面が山あいの広い草原に対峙した配置である。自然を愛したアスプルンドの、建物をナチュラル・ランドスケープに統合させた配置デザインは圧巻の素晴らしさだった。

アスプルンドの作品はストックホルムに多いが、中でも「森の葬祭場」は知らない人がいないくらい有名なもので、そのランドスケープ・デザインの美しさは逸品だ。彼の墓はここにある。さらに輪をかけて著名なのが「ストックホ

リビングを見る。大きな窓は海側で、右手のアスプルンドのデスクは入口側にある

ルム市立図書館」だ。書籍の美しさをこれほど如実に開示させた図書館はない。その他「ブレーデンベリ・デパート」「シネマ・スカンディア」「国立バクテリア研究所」や、「夏の家」と同じように五度ずれて接続された平面形で有名な「スネルマン邸」など、ストックホルムにある作品は片っ端から見学した。

上｜船着場から見た「夏の家」
下｜住宅から離れて立っているトイレ棟

クアドラ・サン・クリストバル
Cuadra San Cristóbal

ルイス・バラガン
Luis Barragan

メキシコ、メキシコ・シティ
1968

Cuadra San Cristóbal
Luis Barragan

Mexico City, Mexico
1968

水とピンクの広場が君臨する馬のサンクチュアリ

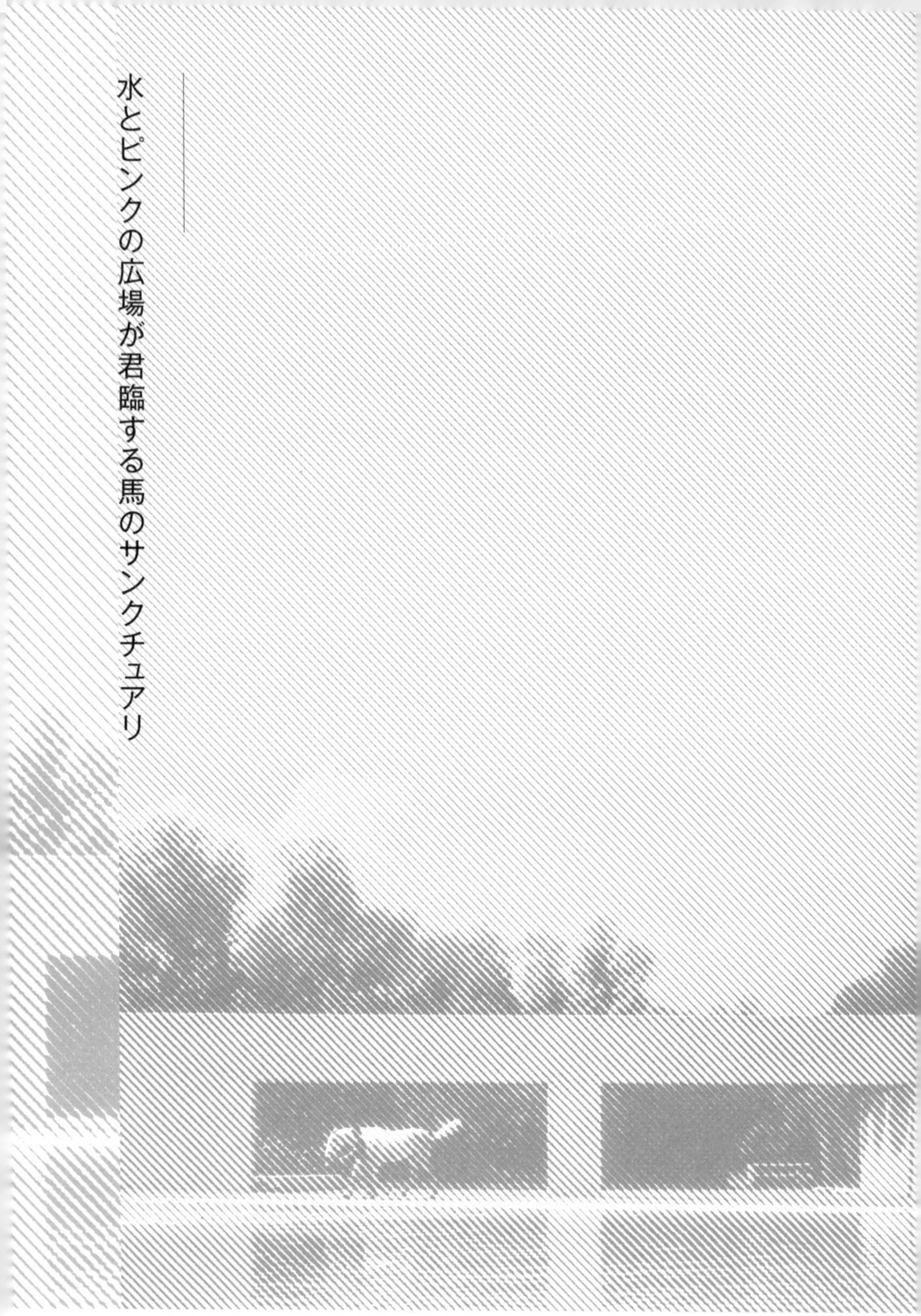

二〇世紀メキシコ建築界の重鎮ルイス・バラガンといえば、静謐かつ寡黙な空間づくりで一九八〇年に第二回目のプリツカー賞を受けた巨人である。「ルイス・バラガン邸」を始め、「ギラルディ邸」「カプチン派修道院」「サテライト・シティ・タワーズ」「オルテガ邸」「ラス・アルボレダス」「クアドラ・サン・クリストバル」など、光、水、色彩を縦横に駆使した詩情豊かな作品で知られている。

彼の著名作品のひとつ「クアドラ・サン・クリストバル」は、満面に水を湛えた馬のためのプールを中心に、ピンク色に染まった壁面に囲まれた静謐な広場がある。T字形の壁面が背景となった水面の対岸を、馬主が馬の手綱を引いて歩いていく。一幅の絵画を彷彿とさせるこの馬主と馬のシーンこそ、「クアドラ・サン・クリストバル」の建築美を表現して余りある情景だ。

寡作なルイス・バラガンの作品の中でも、一際異彩を放って魅力に溢れているのが「クアドラ・サン・クリストバル」だ。メキシコ・シティの緑豊かな高級住宅地ロス・クルベス。バラガンはここに住むスウェーデン人のエゲルシュトローム氏の住宅を設計したが、彼は馬好きで、屋敷全体に馬の飼育を目的とした機能的なデザインが施されて

道路から見た入口の門扉

いるのが特徴だ。人間のための家というより、むしろ馬のための家だという特異な点が、高度なデザイン性を発揮していて素晴らしい。

白亜の長く高い塀に囲まれた「クアドラ・サン・クリストバル」は、寡黙な表情の木製門扉が立ちはだかって入り難いが、ここを訪れる人は当然見学予約をしているので問題はない。門を入ると正面奥へと続くパースペクティブの左手に白い大きな母屋がある。その玄関の大きな袖壁が正面アプローチ軸側へ張り出し、逆に右側からは茶色の壁が張り出している。両者の間を貫くアプローチ軸の先の水面とその先に、ブーゲンビリアを参照した華麗なピンク色の壁がわずかに見える。

広い水面越しに見たT字形壁面はピンク色。凛とした佇まいに圧巻の建築美が宿る

アプローチを進んで家の白い壁を過ぎると、目前に大きなプールが広がり、プールに張り出した茶色壁の先端部から大量の水がほとばしっている。プールに沿って左へ歩くと、自分が壁や建物に囲まれた大きな四角い広場（クァドラ）の中におり、そのほぼ中心部にスクエアなプールがあることが理解できる。

実はここでの見学の目的は、アプローチの左側にあった大きな白い住宅でなく「クアドラ・サン・クリストバル」、つまり「聖クリストバルの広場」だというように、広場全体が見学対象なのだ。実際筆者は三回ほど訪れているが、住宅の方は一度も内部は見学していない。しかし大きな庭である

広場には、多数の建築エレメントが妍を競うかのように展開され、そのハーモニー溢れるマッチングは素晴らしい。

プール、馬、T字形壁面が三位一体となったアンサンブル効果は先述したとおりだが、その他で見どころとしてトップに来るのは噴水だ。先述した大きな茶色の壁はプールに張り出しており、壁の中に水路を擁していて水が高みからプールにほとばしるのだ。噴水ならぬ滝とも言えそうな勢いとその音量は、静穏な広場おける唯一の動的エレメントとして存在する。静寂を破るようなダイナミズムが展開されているが、実は広場の広さ故に、プールから離れるとさしたる音でもない。先述の三位一体は、この噴水を加えて四位一体と言う方が相応しいだろう。

この噴水はバラガンの看板的ヴォキャブラリーの代表的なもので、彼の幼少期の経験に由来する。メキシコ西部のグアダラハラに住んでいたバラガン一家はマサミトゥラという地方に牧場をもっており、幼少期の彼はよくそこで過ごしていた。その村では各住宅に飲料水を配水するのに、丸太をくり抜き連結させてつくった、屋根レベルの高架水路を用いていた。後年それにヒントを得たバラガンは、「ロス・アマンテスの噴水」や「クアド

右頁上｜ピンクのT字形壁面と白い母屋が接続するコーナー。その前に大きな噴水がある
右頁下｜門扉を入いると正面奥に滝のような噴水が見える
左頁上｜ブーゲンビリアの大樹の左側は使用人のアパートメント
左頁下｜T字形壁面の反対側から見る。正面にある切妻屋根は馬小屋になっている

ラ・サン・クリストバル」などの自作に引用している。

「クアドラ・サン・クリストバル」は、「芸術としての建築」を思わせるというように世評が高く、その類いの建築作品としては世界屈指のものと言われている。七エーカーを越える敷地には母屋を始め、三ベッドルームのアパートメント付きの馬小屋、二ベッドルーム付きのゲストルーム、馬用の大きな噴水付きプールと人間用の小さなプール、馬の調教用トラックなどがある。

さてトラックで調教を終えた馬は、ピンク色の壁に囲まれた広場に戻って来るのだが、その際に先

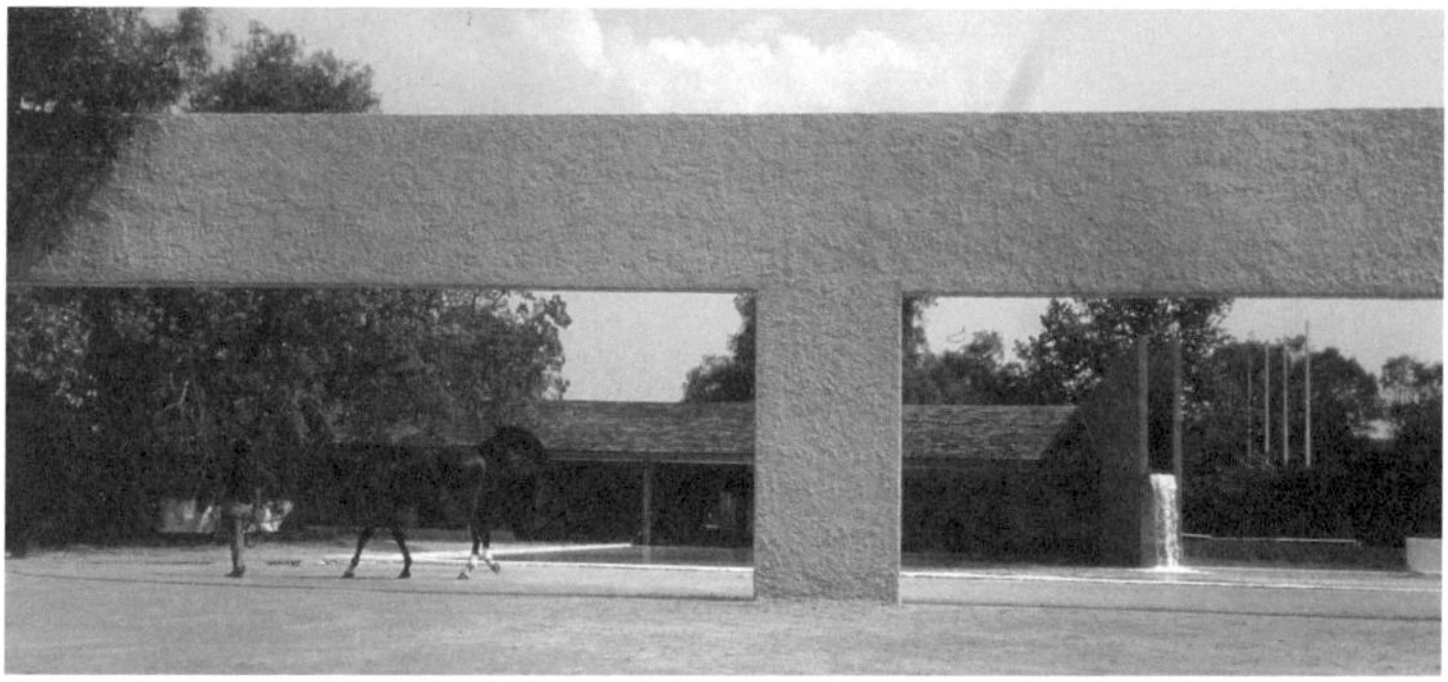

述したT字形壁面にあるふたつの開口部をくぐって入ってくる。バラガンは馬の大きさとその上に乗った馬主の座高を斟酌し、この開口部の大きさを決定している。このT字形壁面はシンプルなデザインだが、「クアドラ・サン・クリストバル」における最たる建築デザインを擁していると言える代物だ。

戻ってきた馬は汚れた足を洗うために、T字形壁面と馬小屋の間にあるプールに入る。プールはバラガンが言う、「静謐感、悦楽、安らかな感性に満ちた広場」の中心にある。馬を中心に考えたバラガンは噴水の壁により、母屋から馬小屋への直接的な視線をシャットアウトする。ということは、厩舎の馬からも母屋はわずかにしか見えず、静かな水面とブーゲンビリアの大樹、それに正面の大きなピンク色の壁面だけが馬小屋の前面に現れることになる。

「バラガン自邸」や「ギラルディ邸」などと同様、彼のデザインはミニマリスト的と言われているが、こと色彩に関しては豪華だ。メイン・カラーとなっているブーゲンビリア・

茶色の壁面の間からほとばしる滝のような噴水

ほとばしる噴水の先にある暗いところが入口の門扉

ピンクに対応して、エメラルド・グリーンの水面、ジャカランダのような紫の壁、噴水の赤錆色、母屋の白色などリッチなカラー・スキームは、鮮やかな青空にフレーミングされて圧巻の華麗さ。

ロス・クルベスにある「クアドラ・サン・クリストバル」は、近くにバラガンが設計した先述の「ロス・アマンテスの噴水」と好一対をなす作品である。後者も馬のために公園内に造られたものである。周囲の緑と相まって素晴らしい水景を演出している。ここでもピンク色の壁が主役だ。こうして見ると、バラガン建築は水、色壁、幾何学的抽象性のシンタックスによって構成されていることが分かる。

その結果生まれてくる建築には特殊な秩序はないものの、感情と詩情に満ちた作品となっている。バラガンはル・コルビュジエに影響を受けて、造形的には直線的なインターナショナル・スタイルの方向へ傾斜しているが、他方彼自身が好きなメキシコの伝統的なアシエンダ（荘園）や牧場小屋などを参照し、神秘的かつ芸術的空間を生み出した。

馬小屋側にあるベンチ越しに見たT字形壁面、水面、そしてジャカランダの大樹

筆者が最後に「クアドラ・サン・クリストバル」を訪問したのは二〇一五年五月であるが、その一年前の二〇一四年六月一五日の『ニューヨーク・タイムズ』に、この家が約一三億円で売りに出ている記事があった。一九六八年に完成したこの建物はフォルク・エゲルシュトローム氏がルイス・バラガンに設計を依頼したもので、先述したように馬好きのエゲルシュトローム氏の好みを十分反映した馬のサンクチュアリとして名高い。

ミア・エゲルシュトローム夫人によれば、同家で世話をするのは馬一一頭、猫八匹、犬六匹、オウムが一羽、それにこの家の人間と大所帯だ。その上ただひとりの使用人を雇っただけで、広い庭の管理や馬小屋の手入れをし、さらに建築ツアーで訪れる人たちの案内までする多忙さである。これでは彼女がもっと小さな家に住みたいと言うのも頷ける。

筆者が訪れた二〇一五年には、ツアー参加者が「ロス・アマンテスの噴水」のプールのほとりで集合写真を撮った。これはカラフルで非常にきれいな写真となった。やがて「クアドラ・サン・クリストバル」に着き、六匹いる犬の中からチューラという名前のかわいい一匹が水を飲みに来て、その後仲良くなってしまい、しばしプールの馬小屋側にあるベンチで戯れてしまった。今は遠きはるかな友へ、「犬康」でいるかなと気になっている。

門扉の内側から見る。右手の白い壁は母屋

コラム作品

Maison Louis Carré

Steiner House

Robie House

Prieto López House

Apartment et Porte Molitor

Villa Mairea

Casa Batlló

Eames House

Cecil O'Gorman House

Schindler House

総論｜建築ジャーナリストという仕事柄、自分は五大陸彷徨の旅をいろいろ楽しんできた。もちろん建築見学の旅だが、対象となる建築は千差万別・多種多様で興味が尽きなかった。20世紀巨匠建築家たちの住宅に関して言えば、30数件の著名作品を訪問してきた。ところが世界中に散在する数多くの住宅を訪問する行為は、全てが同じ条件で可能なわけではない。それは所在地の状況やら天候やら、自分のコンディションなどが影響し、取材成果の良し悪しがでてくるのだ。端的な話、内部が見学不可などのケースも出てくる。そうした取材成果が十分でない場合は本編への掲載は控え、ここにその10件分をコラムとして掲載する。

01 ルイ・カレ邸 — Maison Louis Carré — フランス、バゾッシュ・シュル・ギヨンヌ

アルヴァ・アアルトといえば、北欧有機的建築の巨匠として有名で、自国フィンランドには言わずもがな、フランスには「ルイ・カレ邸」、アメリカには「ベイカー・ハウス」、ドイツには「ヴォルフスブルク文化センター」などの著名作品を残している。中でもパリ郊外の「ルイ・カレ邸」は別格の逸品である。パリで画商を営むルイ・カレ氏の邸宅で、緩やかな丘の上にある。僕が訪れた時は真冬で開館していなかったが、特別に開けてもらうことができた。広い玄関ホールに絵画を展示し、顧客を呼んでアート・ショップを営んでいたようだ。豪華な木造空間のインテリア・デザインと、丘の上からのワイドで見晴らしのよい冬枯れのパノラマが圧巻であった。

右頁｜冬枯れの丘にたつ幾何学的なフォルム
左頁上｜エントランス正面を見る
左頁中｜アアルトが得意とする曲面天井をもつ玄関ホールはかなり広い
左頁下｜大きな開口部で温もりに満ちたリビングを明るく演出する

02

シュタイナー邸

Steiner House

オーストリア、ウィーン

「シュタイナー邸」は一九世紀から二〇世紀にかけて、ウィーン建築界の巨匠であったアドルフ・ロースの代表作のひとつだ。道路側は外壁と屋根が一体になったユニークなドーム形の外観で、庭側は幾何学的シンメトリックなファサードをもつ。内部には来客に使用人のサービス・シーンを見せないように、使用人専用の通路や階段がある素晴らしさ。最初に訪れた時は突然の訪問であったために、オーナーのシュタイナー氏に見学を断られたが、次回連絡いただければ必ず全て見学できるようにしますと、非常に丁寧な回答をいただいた。確かその翌年再訪し、内・外部空間を堪能させていただいた。

右頁上｜来客には見えない使用人用の階段
右頁下｜庭側ファサードは白壁のシンメトリックなもの
左頁上｜大きな曲面屋根とシンメトリックなファサードが特徴的
左頁下｜リビング内部

03

ロビー邸 ― Robie House ― アメリカ、イリノイ州シカゴ

シカゴのハイドパークにあるフランク・ロイド・ライト設計の「ロビー邸」は、彼のプレーリー・スタイルを代表する作品であり、長い水平の庇が外観の特徴である。その長い庇を支持する妻側のキャンティレバーが非常に迫力のあるデザイン。道路に沿って東西に長く延びた大住宅だけあって、内部空間の広さは圧倒的であった。特にプレイルームやリビングなどは、当時と違って今は家具などが少ないので、「フランク・ロイド・ライト自邸&スタジオ」などに比べるとだだっ広い印象だった。ライトは生涯に四〇〇件以上の作品を遺すことを実現したが、その中でも世界的に知られた別荘である「落水荘」と同様、この住宅は圧巻の豪華さを誇る都市型の住宅だ。

右頁上｜建物中央にあるエントランス
右頁下｜交差点の角から道路に沿って長く延びる
左頁上｜プレーリー・スタイル特有の妻側の庇がキャンティレバーで長く延びている
左頁下｜リビングと思しき広い空間

04

プリエト・ロペス邸

Prieto López House

メキシコ、メキシコ・シティ

二〇世紀メキシコ建築界の巨匠ルイス・バラガンといえば、静謐感に満ちた「バラガン邸」や「ギラルディ邸」などの沈思黙考タイプの住宅を設計することで有名だが、後年「プリエト・ロペス邸」のような豪華で大きな住宅も手がけた。この住宅は緑が繁茂した庭が広く、さらに広大な内部空間は、一般市民にとってはあまりに広過ぎて落ち着かない気がした。僕が見学した時には、迷子にならないように複雑な内部通路をぐるぐる回ってしまった。だが高さが八mもあるモノトーンな玄関は非常に好印象だった。「バラガン自邸」や「ギラルディ邸」などの豪華さを控えた住空間ばかり見学してきたからかもしれないが、ミース・ファン・デル・ローエの名言〝Less is more〟が脳裏をよぎった。

右頁｜比較的モノトーンな玄関ホール
左頁上｜食堂に火山岩を露出させているデザイン
左頁中｜広い居間は3方向に開口部がある。
左頁下｜プールがある中庭にも火山岩をあしらっている

05

ポルト・モリトール街のアパートメント

Apartment et Porte Molitor

フランス、パリ

パリおけるル・コルビュジエの住居であった「ポルト・モリトール街のアパートメント」は、集合住宅の最上階全フロアを占めていた。コルビュジエのジュネーブにある鉄骨造の「クラルテ集合住宅」に似ているが、このアパートメントは一見鉄骨造に見えるファサードにガラス・ブロックを納めた表情をしていて、建設当時斬新であった。建物には屋上に小さなペントハウスもあり、イヴォンヌ夫人と二人で住むには広すぎる感じがした。だが彼はヴォールト形のアトリエを造り、ここで毎日午前中は絵を描き、午後セーヴル街

三五番地の事務所に通う生活を送っていた。彼は生涯ここに住み、また南仏カプ・マルタンに別荘「キャバノン」をもっていた。このふたつが彼自身の所有する自分の住まいであった。

右頁上｜ダイニング・コーナーには色ガラスの出窓がある
右頁下｜コルビュジエが毎日午前中絵を描いていたアトリエ
左頁上｜前面道路越しのファサードを見上げる。建物は今でも見学可能
左頁下｜屋上のペントハウスからの展望

06

マイレア邸 ― Villa Mairea ― フィンランド、ノールマルック

アルヴァ・アアルト最大の豪華住宅のひとつである「マイレア邸」は、アアルトの自邸と比べると豪勢極まりない。アクセス側から見ると、白い外壁に規則正しく穿たれた窓から、一見アパートのような印象がする。また広い中庭には曲面形の大きなプールもあり、オーナーのリッチな生活振りが偲ばれた。ロヴァニエミにある豪邸「アホ邸」も以前見学したが、「マイレア邸」の方がはるかに華やかだ。一階のみ見学可能であった。白い暖炉のあるリビングまわりはスカッとした爽やかな印象だったが、アアルト作品としては装飾が多い気がした。誰でもそうだが、豪華な住宅になると余分なデザインや装飾が多くなる。個人的には「アアルト自邸」のような普通の個人住宅の感じの方がベターな印象だった。

右頁上｜正面玄関ドアにアアルト特有の取っ手が見える
右頁下｜大きなプールのある庭側からのマイレア邸
左頁上｜アプローチから見た全景
左頁下｜プールサイドのテラス。正面右のガラス部分がリビング

07

カサ・バトリョ

Casa Batlló

スペイン、バルセロナ

アントニオ・ガウディの「カサ・バトリョ」は「カサ・ミラ」より先に完成した作品で、「カサ・ミラ」ほど大きくはないが、内部空間は「カサ・ミラ」よりはるかに幻想的で、繊細かつカラフルだ。ガウディは外壁に使用したガラスやタイルの破片に、近隣の会社から出た廃棄物を使用したという。まさに今でいうサステイナブル・デザインを先取りしていた。

階段で屋上まで上がるのは大変だった。周知のように「カサ・ミラ」の屋上は、多数の奇怪な表情を浮かべたチムニー群が非常にファンタジックな雰囲気を醸して魅力的だが、「カサ・バトリョ」のそれも同じだ。特に夜間のそれは圧巻で、ワイドなバルセロナの夜景が楽しめるガウディ極上の作品となっている。

右頁右｜カサ・バトリョの華やかなファサード
右頁左｜全階吹き抜けの光井戸
左頁上｜街並を見晴らすホール
左頁下｜ガウディ得意の幻想的な屋上デザイン

08

イームズ邸 ─ Eames House ─ アメリカ、ロサンゼルス

「イームズ邸」は周知のようにチャールズ・イームズが設計した「ケーススタディ・ハウス No.8」として建てられ、ロサンゼルスの太平洋を見晴らすパシフィック・パリセーズ地区にある。かなり昔、ここを単身で訪問したが、辿り着くのに大変苦労した記憶がある。広い敷地に入ると、右側に中庭を挟んで連続するスタジオと住宅が連なっている。黒いスティール・フレームの外観が圧巻！　見学時には中庭に面した住宅の入口で「こんにちは」と大声を張り上げたが何の返事もない。勝手に上がり込んで内部を見るのは気が引けた。後年孫のイームズ・ディミトリアスが来日し、新宿のとあるパーティで偶然会った。この時その話をしたら、二階で掃除機でもかけていたのかなと笑ってくれた、ナイスガイだった。

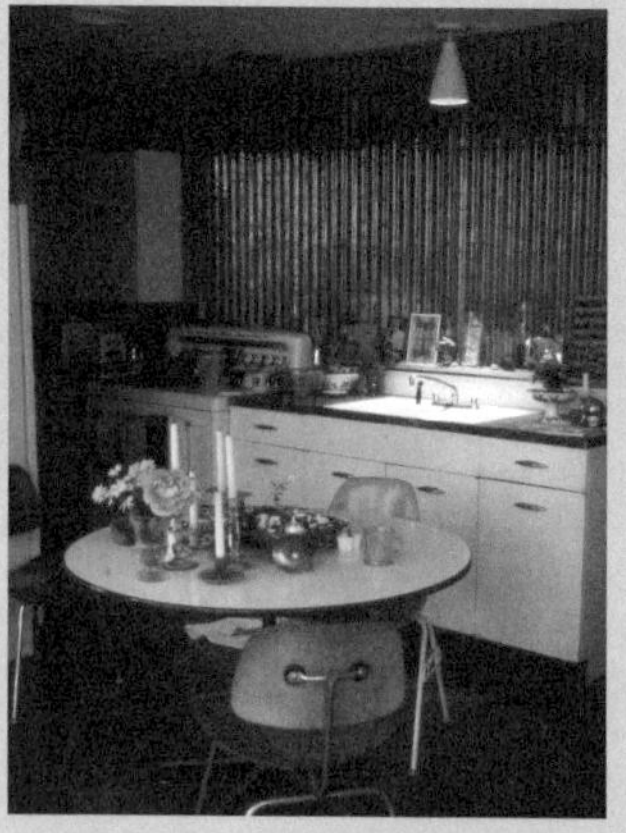

右頁右｜カラフルな外観の一部
右頁左上｜キッチンの様子
右頁左下｜木立越しに見た庭側からの全景。黒いスティール・フレームが特徴である
左頁｜建物沿いの通路を流して見る

09

セシル・オゴルマン邸

Cecil O'Gorman House

メキシコ、メキシコ・シティ

「メキシコ国立自治大学図書館」を設計したファン・オゴルマンも非常に有名な建築家だ。オゴルマンはメキシコの機能主義建築の先駆者的存在で「セシル・オゴルマン邸」（父の家）を建て、またすぐ横に今では大変著名で、カラフルな建築である「ディエゴ・リベラ＋フリーダ・カーロハウス＆スタジオ」も設計している。かつてここを訪問し「セシル・オゴルマン邸」の二階に入った時、ひとつの壁が全面開口部となっている空間の簡潔性に驚いた。コルビュジエの影響を受けた彼らしさが伝わってくる空間であった。このエリアは、二〇世紀メキシコ建築の巨匠ルイス・バラガンの建築に次ぐ、メキシコ建築屈指の巡礼地と言っても過言でないくらいだ。

右頁上｜造形性に富んだ外部曲線階段が端正な外観に有機的な印象を加味している
右頁下｜3面開口部のシンプルなリビング
左頁上｜エントランス側からの全景
左頁下｜庭側からの全景

10

シンドラー邸

Schindler House

アメリカ、カリフォルニア州ロサンゼルス

ルドルフ・シンドラーはオーストリアからアメリカに移住し、フランク・ロイド・ライトの弟子になった。ウエストコーストの担当となってロサンゼルスに赴任し自邸を建てた。気候の良いロサンゼルスで、屋外で就寝する生活を実践したユニークな建築家である。「シンドラー邸」はシンドラーとチェイスの二家族が住む住宅で、プランが複雑で見どころが非常に多く楽しめるので、何回も訪れた。二階レベルの端部に「スリーピング・バスケット」という外部就寝用のテラスがあったり、外部暖炉があったり、和風のデザインだと思えるような部屋があったりと、建築見学の魅力に事欠かない住宅であった。

右頁｜道路側から見た建物
左頁左上｜和風の雰囲気が感じられる内部
左頁右上｜玄関周り。上部に外部就寝用のスリーピング・バスケットがある
左頁下｜庭側から見た「シンドラー邸」

あとがき

遠ざかりゆく過去への想いは誰にとっても忘れ難い。そうした己の体験や軌跡を記録に留めたいという気持ちは、多くの人に通底する心理だろう。かく言う自分が、世界各地にある二〇世紀巨匠建築家たちの建築作品を取材してきたのは、ノスタルジックな体験を記録し、広く建築界の方々に共有していただきたいと考えたからである。

ヨーロッパ一九世紀末のデカダンスの時代を経て、新しく台頭してきた二〇世紀のツァイトガイストから生まれた巨匠たちの建築は、「インターナショナル・スタイル」という斬新極まりないスタイルを生み出した。それが現代建築デザインの基礎を成していることで魅力があり、建築ジャーナリストは強く惹かれたのである。

年に三から四回の海外取材や建築ツアーを続けてきた結果、多くの建築情報が蓄積し、それを連載という形で掲載して頂いたのが雑誌『建築画報』（建築画報社）である。二〇一二年から二〇一八年まで「巨匠たちの住宅——20世紀の住空間を定義した名作群」というタイトルで連載させていただいた。

連載が終わりはや数年が過ぎ、それらをまとめて単行本化することを思い立った。それに加筆・修正し、新しく青土社から上梓したのが本書である。ここで取り上げている建築は、先述の通り巨匠建築家による作品だけあって、各々際立つ特徴をもち、敷地も世界各地に広く離散していた。こうした建築へのアクセスは困難を極めたものの、それは自分に課されたチャレンジとして遂行したが、かえって面白かった。

コロナ禍に見舞われたここ数年、閉塞状況が続きデスクに向かう時間が増え、執筆がはかどった。本書の出版に際しては、建築画報社の寛大な許諾を得て、青土社代表の清水一人氏と元青土社の加藤峻氏、それを引き継いだ村上瑠梨子氏の協力を仰ぎ完成したものである。ここに感謝の意を表すると同時に、本書が日本建築界に微力ながらも貢献できれば幸甚である。

二〇二三年三月

淵上正幸

淵上正幸｜ふちがみ・まさゆき

建築編集オフィス（株）シネクティックス主催。建築ジャーナリスト＆エディター。新建築社およびエー・アンド・ユー社編集部を経て、現職。2018年日本建築学会文化賞受賞。

建築デザイン関連のプロデューサーやコーディネーター、建築視察ツアーの企画・講師なども務める。

著書に『世界の建築家 思想と作品』（彰国社）、『ヨーロッパ建築案内』全3巻、『もっと知りたい建築家』、『アメリカ建築案内』全2巻（以上、TOTO出版）、『建築家をめざして』（日刊建設通信新聞社）など、編著に『世界の建築家51人』（ADP）などがある。

巨匠たちの住宅 20世紀住空間の冒険

2023年4月18日　第1刷印刷
2023年4月28日　第1刷発行

著者
淵上正幸

発行者
清水一人

発行所
青土社
東京都千代田区神田神保町1-29 市瀬ビル
〒101-0051
電話　03-3291-9831（編集）
　　　03-3294-7829（営業）
振替　00190-7-192955

印刷・製本
シナノ印刷

ブックデザイン
佐野裕哉

Printed in Japan
ISBN 978-4-7917-7550-7